I0832396

ROMPE *tus* LÍMITES

Reconoce tu Gran potencial

MARIANGEL ANTONELLA MEDINA

ROMPE *tus* LÍMITES

Reconoce tu Gran potencial

BRANDED LIVES

ROMPE *tus* LÍMITES

Autor: **Mariangel Antonella Medina**
Diseño y maquetación: Ysmerio Rodriguez
Editorial: ***Branded Lives***
Correccion: Mauricio Olaya
ISBN: 978-1-962388-18-4
www.mariangelantonellamedina.com

CONTENIDO

AGRADECIMIENTOS

Agradezco con todo mi corazón a mis dos hijas, quienes son la luz que guía mi camino. Confío plenamente en su amor y en la conexión que compartimos, esa que trasciende todo. Creo en su capacidad de soñar, en su fuerza para alcanzar lo imposible y en el privilegio que tengo de ser su apoyo. Agradezco, confío y creo, porque ellas hacen que cada día valga la pena.

A ti, Sagrario, a pesar del tiempo y la distancia, tu amor incondicional me envuelve siempre. Te siento cerca en cada paso, en cada logro, en cada suspiro. Anhelo el día en que podamos reencontrarnos y abrazarnos como si nunca hubiera pasado el tiempo. Te amo infinitamente.

A mi mentor Rodrigo Emmanuel Santos, gracias por ser esa voz que me guió en los días en que no encontraba la luz, recordándome que siempre estuvo dentro de mí. Tu fe y sabiduría me enseñaron a creer en mi propio brillo y a confiar en el poder de mi interior. Agradezco profundamente cada lección, porque marcaste un antes y un después en mi vida.

A todas las personas que han sido parte de este camino de aprendizaje, les agradezco desde lo más profundo de mi ser. Cada experiencia, cada palabra y cada enseñanza me llevaron a crear este libro, una obra nacida del deseo de entender y, sobre todo, de ayudar a otros a encontrar su propia luz. Confío en que este esfuerzo será una herramienta para transformar vidas, tal como ustedes transformaron la mía.

PRÓLOGO

En cada página de "Rompe tus límites: El poder está en ti", Mariangel Antonella Medina nos entrega una obra que va más allá de la simple motivación. Este libro es una guía clara, práctica y profundamente inspiradora para quienes desean desbloquear su verdadero potencial y vivir una vida de abundancia.

Con un enfoque único, Mariangel nos lleva a explorar temas esenciales como la intuición, la autodisciplina, la mentalidad correcta y el pensamiento positivo, entre otros. Cada capítulo es una invitación a reflexionar sobre nuestras creencias, a transformar la energía en acción y a alinear nuestra vida con un propósito claro y ardiente. A través de sus palabras, nos recuerda que el verdadero poder no está afuera, sino dentro de cada uno de nosotros, esperando ser activado. Lo que distingue a Mariangel no es solo su conocimiento, sino su capacidad de conectar con el lector de manera cercana y auténtica. Sus experiencias y aprendizajes resuenan como un testimonio vivo de que la mentalidad adecuada, combinada con persistencia y enfoque, puede superar cualquier obstáculo y abrir puertas hacia un futuro lleno de posibilidades.

"Rompe tus límites" es más que un libro; es un llamado a la acción, una oportunidad para reescribir nuestra historia y convertirnos en los líderes de nuestra propia vida. Mariangel nos invita a imaginar un destino extraordinario, y lo hace brindándonos las herramientas necesarias para construirlo, paso a paso, con claridad y confianza.

Agradezco profundamente a Mariangel por confiar en mí para escribir este prólogo. Es un honor formar parte de esta maravillosa obra que estoy seguro, tocará vidas, transformará mentes y despertará ese poder dormido que todos llevamos dentro. Con admiración y respeto,

Rodrigo Emanuel

Mentor comportamental, autor de *El café de un millón de dólares* y fundador de la Escuela Vencedores Fénix

@rodrigocoachmentor

INTRODUCCIÓN

ABRIENDO LAS PUERTAS AL ÉXITO

El carácter se forja en los momentos de decisión y la intuición es la guía que te llevará a hacer las elecciones que transformarán tu vida. ¿Cómo vemos esto? El éxito no es resultado de una conciencia o de un golpe de suerte, sin lugar a duda, es la consecuencia de las acciones y decisiones conscientes que tomamos todos los días. Dichas decisiones, aunque parezcan pequeñas, son la base de lo que llegarás a hacer.

Estás a punto de embarcarte en un camino hacia el éxito y este viaje comienza en el momento en que reconoces el poder que tienes dentro de ti, ahí es donde se forma ese carácter y esa intuición. Porque está en tu interior, lo estás sintiendo y es cuando empiezas a entender que todo eso que tú quieres, lo puedes lograr porque está dentro de ti. Estos dos pilares serán como la brújula y tu fortaleza a lo largo de todo el proceso. A lo largo de estas páginas, descubrirás cómo potenciar estas herramientas internas para alcanzar tus metas.

El carácter es lo que te permite actuar con inteligencia y determinación, mientras que la intuición te guiará hacia el camino correcto, incluso cuando la lógica y las circunstancias externas parezcan confusas. Cuando vemos el carácter como pilar fundamental del éxito, no es algo que se hereda ni que se obtiene por casualidad, sino que se construye y se fortalece con cada acción o con cada decisión que tomas.

En las pequeñas elecciones diarias, como cumplir una promesa a ti mismo, perseverar antes las dificultades y no darte por vencido, estás formando ese carácter que te llevará hacia tus logros y es lo que buscamos con este libro, un paso a paso que te llevará a lograr eso que quieres en la vida. No importa cuán desafiante sea el camino, si tienes un carácter sólido, siempre encontrarás una manera de avanzar.

No dejes que nadie tome decisiones por ti, porque esas son sus elecciones y están forjando su carácter. Asume tus propias decisiones porque cada vez que eliges actuar con determinación y coraje, refuerzas tu carácter y éste se convierte en un ancla que te mantiene firme. Cuando las circunstancias intenten sacudirte, el carácter es lo que te ayudará a levantarte después de cada fracaso para seguir avanzando cuando otros se rindan; no es algo que se fortalezca en los momentos fáciles, se forja cuando eliges continuar, incluso cuando parece imposible que lo puedas lograr. Ahí es donde se fabrica el éxito, ahí es donde lo vemos, porque en esa última instancia, en ese último resultado, eso es lo que te va a formar a ti, ese carácter, esa formación, estar dispuesto a resistir los desafíos.

1

¿CÓMO FUNCIONA LA INTUICIÓN?

¡En un mundo lleno de datos y ruido externo, tu intuición es el GPS interno que te guía hacia el éxito. Confía en esa voz silenciosa que siempre apunta hacia la abundancia y las oportunidades, incluso en los momentos de incertidumbre.!

La intuición va a ser la brújula interna hacia el éxito. Mientras el carácter te proporciona la fuerza para seguir adelante, la intuición es una voz silenciosa que te empuja en la dirección correcta, incluso cuando no tienes todas las respuestas. Es una herramienta poderosa que te permite tomar decisiones rápidas y acertadas, como los datos, como las circunstancias. No te afecta, pero al final, te da una visión clara.

Confiar en la intuición no significa actuar sin pensar, no, eso no puede ser así. Se trata de aprender a escuchar lo que tu mente y tu experiencia te están diciendo en lo más profundo. Hay momentos en los que el análisis racional no es suficiente y, entonces, ahí la intuición te guía; escucharla y actuar de acuerdo con ella, es la clave para tomar decisiones adecuadas que te acerquen a tus metas.

El camino hacia el éxito no siempre está trazado de manera visible y, a menudo, las decisiones más cruciales se presentan en los momentos de dudas e incertidumbre, cuando crees que no lo vas a lograr. En ese instante, tu capacidad para escuchar tu intuición se convierte en tu herramienta más poderosa. Es esa sensación interna, una especie de saber profundo que, sin razones lógicas ni datos externos, te indica cuál es el camino correcto.

También lo podemos llamar fe, pero cuando ves los resultados, es grandioso y espectacular. El cambio hacia el éxito no existe o no siempre se traza de manera visible. A menudo, las decisiones más cruciales se presentan en los momentos de dudas e incertidumbre, donde tu capacidad para escuchar a tu intuición se convierte en una herramienta muy poderosa.

La intuición es esa sensación interna, una especie de saber profundo que indica cuál es el camino. Lo que muchas personas no comprenden es que la intuición está directamente conectada con la abundancia y es lo que buscamos aquí: cómo ser abundante. Mientras que la mente racional puede estar condicionada con el miedo o las creencias limitantes, la intuición siempre se dirige hacia el crecimiento, la prosperidad y el bienestar, como si estuviera sintonizada con una frecuencia diferente y que ya existe, dándote todas las oportunidades, las soluciones y los recursos que necesitas.

Al aprender a confiar en esa voz interna, abres las puertas para que la abundancia fluya y veas la vida de una manera más natural y consciente. Al desarrollar la confianza en tu intuición, te volverás más eficiente en la toma de decisiones y aprenderás a aprovechar oportunidades que otros podían pasar por alto. Esta capacidad de actuar con certeza, te permitirá avanzar con rapidez y seguridad en los caminos hacia el éxito. Un ejemplo es cuando las personas a veces le tienen miedo al cambio o a cualquier situación que se les presente en la vida, sin ver que esa situación es justamente la oportunidad que están buscando. Ahí es donde tienes que abrazarla y quererla, porque tu intuición te va a llevar a esos caminos de abundancia.

El verdadero secreto para manifestar la abundancia en el mundo exterior es cultivar primero tu interior. ¿Recuerdan ese dicho que dice que primero cambias tú para poder ver el cambio en otros? Bueno, es simplemente eso, todo lo que experimentas comienza dentro de ti: si tienes una mentalidad constante de escasez, miedo o duda, tus decisiones lo reflejan. Sin embargo, si cultivas una mentalidad de abundancia y confías en que el universo tiene recursos limitados y que estás alineado con ellos, tu intuición se convertirá en el puente para buscar esos recursos que necesitas. La intuición es la llave para sincronizarte con esa abundancia.

Cuando silencias esos ruidos externos y dejas a un lado las preocupaciones y el miedo, te conectas con tu interior y empiezas a notar que las oportunidades fluyen hacia ti de manera más natural. La intuición te permite alinearte con tus deseos más profundos y cuando lo haces, las decisiones correctas se presentan casi sin esfuerzo.

La intuición es tu mayor aliada en el camino hacia la abundancia, al confiar en ella, te conectas con ese flujo infinito de posibilidades que ya existe en el universo. Si eliges escuchar y actuar según esa guía interna que tienes, ponte la mano en el corazón y vas a entender qué es lo que debes hacer. Descubrirás que las puertas hacia la abundancia se abren más fácilmente.

La vida fluye de manera más natural, más simple, a tu ritmo y a lo que necesitas; lo que antes parecía difícil o inalcanzable, comenzará a manifestarse con facilidad y armonía. Recuerda, la abundancia no es solo material, también es una forma de vivir, de sentirte lleno de posibilidades, de que cada día es una nueva oportunidad, que con simplemente abrir tus ojos ya estás ganando, porque obtuviste un día más y una posibilidad de ser mejor, eso lo veo como vivir en el presente. Da gracias por esa oportunidad que tienes cada día.

Recuerda que la abundancia no solo es material, sino que está en todo y tu intuición es la clave para desbloquear ese poder ilimitado. Lo vas a ver en tu familia, en tu casa y estará manifestado en cualquier situación que tú quieras ver con abundancia.

AUTODISCIPLINA

Una clave es la autodisciplina: será el puente hacia tus metas; es lo que transforma tus intenciones en acciones y tus acciones en resultados. No hay éxito sin ella, incluso las mejores ideas con los planes más detallados fallarán si no estás autodisciplinado para lograrlos.

Mi *coach* siempre me decía que tanto como lo quisieres, tanto como lo hacías. Es decir, si no lo hacía era porque no lo quería de verdad. Entonces yo me preguntaba, ¿por qué si lo quiero tanto no lo hago? Entonces es que no lo quiero tanto. Es un poco confuso, pero por ejemplo, cuando tú dices "quiero mi casa", ¿estás haciendo todos los pasos y las cosas que necesitas para lograrlo? No es solamente quererlo, sino autodisciplinarte para lograr lo que se requiere para conseguirlo. Habrá cosas en el proceso que no te van a gustar, sin embargo, la autodisciplina es la única ancla que te va a ayudar a seguir adelante.

Con autodisciplina puedes mantener el enfoque, superar los obstáculos y avanzar paso a paso hacia tus objetivos. Cuando hablo de paso a paso, quiero decir que si el comprarte una casa amerita cinco pasos, no los tienes que cumplir todos juntos, completa uno a la vez y si ese uno depende de varias circunstancias, subdivídelo y ve completando cada parte. Cuando menos lo esperes, estarás capacitado para tenerla.

La autodisciplina está ahí para apoyarte y llevarte de donde estás ahora a donde quieres estar. Mientras que la motivación puede fluctuar, la autodisciplina mantiene el movimiento constante. Ahí es donde vas a ver el resultado.

Es como las personas que van al *gym*. La autodisciplina es lo único que les va a demostrar en un proceso de un año, ver el resultado que ellos quieren. Sin importar las circunstancias o los obstáculos que se presenten, la autodisciplina es la única que va a mejorar cada cosa.

Ahora mismo, me estoy autodisciplinando en grabar los audios para el libro y hacer todos los procesos que quiero, pero desde el amor. Porque cuando haces las cosas desde el amor, todo fluye. Llega cuando tiene un propósito, en este caso, es tocar el corazón de una persona que necesita escuchar esto. ¿Por qué? Porque si otra persona lo logró, tú también lo puedes lograr porque tienes las mismas condiciones. Eres único, porque ante todas las personas, ya ganaste una carrera que es estar vivo y simplemente con eso se comienza. Dar gracias por la vida es el motor que va a impulsar tus sueños.

La autodisciplina se trata de hacer lo que debes hacer, incluso cuando no te parece o no te apetece. Se basa en el compromiso que se hace consigo mismo de cumplir con las acciones necesarias para lograr las metas. Es la capacidad de tomar las decisiones conscientes, de priorizar lo importante sobre lo fácil y de seguir avanzando con determinación sin dejarte llevar por la procrastinación, que es una de las cosas que te lleva a la distracción.

El éxito no se logra de la noche a la mañana. El resultado se da gracias a pequeños actos conscientes realizados todos los días. Así como el universo te da la posibilidad de vivir todos los días, levantarte, despertar y abrir los ojos, asimismo debes agradecer y ver que todos los días tienes esa misma oportunidad de lograr eso; aquí es donde la autodisciplina juega un papel crucial: mantenerse constante en las acciones, incluso cuando los resultados no son inmediatos, es lo que te permitirá progresar hacia las metas. Paciencia, se requiere paciencia.

Tienes que pensar que la autodisciplina es como una especie de músculo que tienes que entrenar, cuanto más práctica, más fuerte se vuelve y más simple será mantener el rumbo hacia el cumplimiento de tu meta. Muchos creen que para alcanzar grandes metas se necesitan grandes esfuerzos, pero en realidad, lo que más cuenta es la persistencia, las acciones constantes hechas de manera grata, de manera amable, eso crea el impulso necesario para alcanzar cualquier meta por ambiciosa que sea, porque puede ser muy grande, pero cuando lo haces con un propósito, se vuelve pequeño el proceso que lleva ella, porque lo estás haciendo desde el amor y la abundancia.

Por eso es que debemos observar el poder de las pequeñas decisiones, ahí se construye autodisciplina; no son los grandes momentos de inspiración o esfuerzo los que te llevarán a tus metas, sino esas decisiones que vas tomando en tu rutina diaria, cada vez que eliges trabajar por tus objetivos en lugar de ceder a la pereza o a la procrastinación.

Este enfoque en las pequeñas decisiones tiene un efecto acumulativo, porque ese pequeño esfuerzo que vas haciendo cada día, va desarrollando una fuerza, es cuando vemos que el iceberg o el árbol se crea, su raíz es la que es la que va a dar ese resultado que estamos buscando.

Cada vez que eliges hacer algo que te acerque a tu meta, estás construyendo *momentum,* a medida que repites estas pequeñas acciones, te vuelves más fuerte, más enfocado y capaz de mantener la disciplina por más tiempo, eso es lo que estamos buscando aquí, conservar ese poder, ese *momentum* para llegar a la libertad que tú quieres, porque a veces, nos amamos por los logros que tenemos y no por lo que somos, por ende, esa libertad se va a dar cuando te sientas valorado por lo que lograste. Contrariamente a lo que muchos piensan, la autodisciplina no es una restricción, en realidad es la clave para la verdadera libertad.

Por ejemplo, en los deportes se trabaja por un largo tiempo para una carrera muy corta; lo veo mucho con mis hijas cuando van a competencias, ellas nadan por largos periodos de meses para poder ir a una prueba de cinco o diez minutos, pero van a salir con una medalla que las gratifica; en ese logro se sienten valoradas porque lo hicieron bien, trabajaron por un tiempo para poderlo tener.

Cuando eres autodisciplinado, tienes el control de tu vida y no estás a merced de las distracciones, las emociones o las influencias externas. Eres tú quien decide tu destino. En cambio, cuando no tienes autodisciplina te vuelves prisionero a tus impulsos inmediatos.

Entonces, ¿cómo se podría desarrollar la autodisciplina? Si bien puede parecer un reto o algo impuesto, más bien tienes que verlo como desarrollar la habilidad con el tiempo y existen varios pasos claves para fortalecerla.

Para mí, uno muy importante es establecer la meta. Saber exactamente qué quieres es fundamental para mantenerte enfocado. Define tus metas asegurándote de que sean específicas, medibles y alcanzables, eso te lo dicen diversos autores en muchos libros; si te pones una meta que no sea medible ni alcanzable, va a ser frustrante no poder lograrla. Esto lo aprendí mucho del libro de Napoleon Hill, *Piense y hágase rico,* que dice que debes tener una meta clara y saber exactamente lo que quieres; esa métrica tienes que repetirla todos los días para poder lograrla y hay que estar enfocado.

Otra de las cosas que también es importante para desarrollar una meta es dividirla en acciones pequeñas, porque los grandes sueños o las cosas enormes pueden ser abrumadoras, no obstante, si las divides en pequeñas acciones diarias o semanales, te vas a acercar a ella de manera constante. Crear hábitos saludables es muy importante, la autodisciplina está directamente relacionada con dichos hábitos.

Desarrolla rutinas diarias que promuevan crecimiento personal y profesional, esto puede incluir levantarte temprano, dedicarte tiempo, aprender a conocer cómo eres, hacer una rutina de ejercicio o de yoga porque te va a dar claridad, luego, leer tu meta y enfocarte en lo que tienes que hacer en el día. Supera la procrastinación, creo que la tenemos todos y es normal, pero al identificarla, te será más fácil colocarla a un lado; desarrolla estrategias para enfrentar estos momentos y recuerda, el primer paso siempre es el más difícil, pero una vez que lo das, el impulso te va a llevar adelante.

Puedes mantener tu mente enfocada a largo plazo, como anteriormente lo expliqué, el libro de Napoleon Hill me ayudó mucho en todo mi proceso, porque él te dice que lo leas en la mañana y en la tarde, tienes que obsesionarte con eso para recordarlo a cada momento y mantenerte enfocado, dándote la autodisciplina y creando los hábitos; eso es fundamental, mantener tu atención en los beneficios a largo plazo, sin desviarte por muy complicado que parezca.

La autodisciplina es clave para manifestar la abundancia, practícala cada día, porque el sueño es eso que tú deseas, que anhelas y todavía no lo has encontrado, la realidad es lo que estás viviendo ahora. Al practicar, cada día te acercas a tus metas de manera constante y confiada, no se trata de privarte de disfrutar, sino de priorizar lo que realmente te lleva al éxito. Cada decisión disciplinada que tomas es un paso más hacia la vida plena y abundante que deseas, pero tienes que recordar todos los días que la abundancia no llega por casualidad, llega a quienes están dispuestos a trabajar por ella, con persistencia, con determinación, con amor y cariño, es como si hicieras una receta. Me acuerdo cuando mi abuela hacía su torta estrella —

ya sabes que todas las abuelas tienen algo que las identifica—, era de auyama y siempre le ponía la misma cantidad, además, tenía un proceso exacto para que le quedara como si fuera un quesillo. Cuando quería agradar a alguien, hacía esa torta y todo el mundo quedaba enamorado porque era un sabor exquisito; ella se autodisciplinó para que cada vez que la hiciera, le quedara exactamente igual.

Si la autodisciplina lleva al éxito, la abundancia se convierte en una consecuencia natural de tus esfuerzos, ahí es donde viene lo más bonito, porque lo ves llegar, lo sientes, estás preparado para eso, no es solo una cuestión de fuerza de voluntad, sino de hábitos; al establecer rutinas y comprometerte a seguirlas día tras día, construirás una base sólida que te permitirá enfrentar cualquier desafío. Este hábito diario de tomar acción constante todos los días, por pequeño que sea, te acerca inevitablemente al éxito y, a través de la autodisciplina, lograrás convertir tu sueño en realidad; no hay atajo en este camino, pero cada paso que te des te acercará un poco más a la meta.

Mi *coach* me hablaba de que no me enfocara tanto en el resultado, algo que todos normalmente hacemos cuando anhelamos algo: queremos el carro ya, queremos la casa ya o un cuerpo específico, pero ya; él me decía: "enfócate más en disfrutar y vivir ese proceso, en hacer ese pequeño detalle que te va a llevar ahí, o sea, disfrutar esa comida de hoy para tener ese cuerpo que quieres, haciendo el ejercicio, dándole amor, caminando, cultivándolo..."; en ese proceso que te llevará a lograr eso que tanto anhelas, sea el nombre que tú le pongas a esa meta.

Entendamos que la autodisciplina no es una cuestión de fuerza de voluntad, sino de hábitos, de comprometerte a seguir una rutina día tras día; evalúa qué estás haciendo y a qué le estás dando constancia; esto te permitirá lograr aquello que otro solo imagina, por eso muchas personas lo han logrado y otras no. Si estás trabajando en un proyecto importante, la autodisciplina te ayudará a seguir adelante cada día, a pesar de las tentaciones de hacer otras cosas que te ofrezcan gratificación inmediata, pero que no te acerquen a tu objetivo; es la fuerza que te recuerda cada pequeño paso que hay, construyendo el éxito en el futuro. No hay nadie ni nada en el mundo que venza a una mente enfocada.

MENTALIDAD CORRECTA

Programa tu mentalidad para el éxito todos los días, ya que no es simplemente cuestión de esfuerzo físico o de acción externa, todo comienza con la mente, la manera en que piensas, que te visualizas a ti mismo, determina rumbo que tomarás y el nivel de éxito que alcanzarás; cada pensamiento que mantienes en tu mente tiene el poder de acercarte a tus objetivos. Si no estás alineado correctamente, porque todavía no tienes una meta clara ni un propósito definido, medita, piensa y vas a ver que va a venir, porque todo está dentro de nosotros. Es crucial aprender a controlar y erigir los pensamientos de manera intencional, esto es muy importante para que actúen a tu favor y no en tu contra.

Piensa que tu mente es como un imán poderoso de atracción; en lo personal, tengo en mi mapa de visualización que soy un imán, soy una forma única de valor y debo repetirlo todos los días; mi propósito es dar valor a todo el que se me acerque, soy una única forma de valor para todo el que esté conmigo. Cuando tus pensamientos estén alineados con tu meta, atraerás oportunidades, recursos y personas que te ayudarán a alcanzar eso que tú quieres; pero si tus pensamientos están llenos de dudas, miedo e inseguridad, atraerás obstáculos y creencias limitantes. Estamos programados para eso, así que al enfocarte en lo que realmente deseas, eliminas los procedimientos que no sirven de tu propósito, eso te ayuda a programar tu proceso en el que conscientemente eliges los pensamientos que quieres que te guíen.

La mayoría de las personas pasan el día reaccionando a sus circunstancias y emociones sin darse cuenta de que sus pensamientos tienen un impacto directo en su resultado; para lograr el éxito verdadero necesitas aprender a cultivar una mentalidad de abundancia y optimismo, tienes que escoger todo lo que metes en tu mente. Esto no significa que ignores los desafíos o las dificultades, al contrario, implica reconocer que tienes el poder de superarlos, de mantener tu enfoque en tus metas y soluciones en lugar de problemas; tu mentalidad enfocada te da claridad y fortaleza para perseverar incluso cuando los obstáculos parecen insuperables.

Insisto, el éxito no es solo resultado de la acción física, sino también de la claridad mental, cuando tienes visión clara de lo que deseas y una mente enfocada en ello, comienzas a ver oportunidades ante cualquier situación que pase, la claridad mental te permite tomar decisiones más rápidas y precisas, dándote la capacidad de adaptarte a los cambios y mantenerte firme en el camino, incluso cuando enfrentas dificultades, la mente enfocada también te permite priorizar lo que realmente es importante; en un mundo lleno de distracciones, aquellos que logran mantenerse enfocados en su meta a largo plazo, son los que logran los mayores éxitos. Esta capacidad de mantener tu atención en lo que deseas mientras dejas a lado lo que no te sirve, es uno de los hábitos más poderosos que puedes desarrollar; no te imaginas la fuerza y el enfoque que vas a generar cuando distingas lo que no y lo que sí enfoca tu mente hacia el éxito.

Ahora bien, ¿cómo definir las metas claramente? En mi época de profesora, di clase por quince años en la universidad de Venezuela, durante ese tiempo pasaron por mí muchas tesis de grado de muchos estudiantes, siempre teniendo un objetivo general del que se desprendían algunos objetivos específicos para lograr el desarrollo de toda esa tesis o del programa que querían lograr. Si vemos la vida de esta manera y podemos desplegar esa meta en objetivos específicos, en pasos cortos y definidos, vas a descubrir con claridad lo que deseas lograr y serás específico desarrollando cada paso con detalle, teniendo una visión clara de tu proceso para enfocar tu mente en el éxito, porque es ahí donde vas a desarrollar la visión y la misión de lo que tú quieres. Todas estas cosas están a nuestro alcance, lo que pasa que no las aplicamos y, al no aprovecharlas, pues vemos la vida de diferente manera.

Visualizar tus metas diariamente es muy importante, lo vuelvo a repetir: Napoleon Hill te dice que te obsesiones con tu meta y para ello, tienes que visualizarla diariamente antes de comenzar el día; dedica unos minutos a visualizarte alcanzando tu objetivo, tienes que sentir cómo sería lograr ese éxito y utiliza esa emoción para alimentar tus pensamientos a lo largo del día, verás que las demás cosas no importan, porque estás enfocado en esa meta que quieres. Dirige tus pensamientos, tú eres el timón de tu vida, por tanto, cada vez que notes que tus pensamientos se desvían hacia la duda o hacia la negatividad, detente y respira profundamente, eso también me lo dijo una persona se llama Tomás: "cada vez que tengas que tomar una decisión fuerte, respira tres veces profundamente"; dirige tu mente hacia la afirmación positiva o una imagen de éxito, enfocarte en lo positivo es la clave para programar tu mentalidad, crea afirmaciones poderosas y positivas que resuenen en tu mente, repitiéndolas a lo largo del día para mantener tu mente enfocada en lo que realmente deseas.

Cuando tu mente está alineada a tu meta comienzas a atraer oportunidades y personas que te ayudarán a alcanzarlo, no se trata de magia o de suerte, sino de la ley de atracción y enfoque; al entrenar a tu mente para ver posibilidades donde otros solo ven obstáculos, te colocas en una posición de ventaja para aprovechar esas oportunidades, la clave está en mantenerte constante y seguir enfocado en tus pensamientos, incluso cuando los resultados no sean los que tú quieres, tienes que desarrollar una resistencia mental que te permitirá enfrentar los desafíos con confianza y creatividad; en lugar de rendirte y sentirte abrumado, utiliza cada obstáculo como un trampolín hacia el éxito, este es el verdadero poder de la mente enfocada.

Recuerda que todo éxito comienza en tu mente, por ende, si deseas alcanzar tu meta, desde el principio alinea tus pensamientos con lo que deseas lograr; cada vez que enfocas tu mente en el éxito, estás creando las condiciones necesarias para que ese éxito se manifieste en el mundo físico; programar tu mente para enfocarte en la abundancia, el optimismo y oportunidades te convertirá en una persona imparable, capaz de alcanzar cualquier objetivo que se proponga. Esto es lo más lindo, porque vas a programar esa mente para que trabaje a favor tuyo, esta capacidad de enfocar tu mente es una de las herramientas más poderosas para que tu éxito se manifieste en el mundo físico; prepárate, al abrir este libro, has dado el primer paso hacia tu transformación; el éxito no es la meta lejana, sino algo que está al alcance de aquellos que están dispuestos a trabajar en su carácter, confiar en su intuición y desarrollar la autodisciplina con una mente enfocada y un compromiso firme, así estarás preparado para superar cualquier obstáculo y alcanzar tu sueño, este es el momento de actuar, el éxito comienza ahora, al decidir que estás listo para ser el arquitecto de tu vida.

Te dejo aquí un mensaje que me salió del corazón:

"El éxito no es cuestión de suerte,

sino del resultado de las decisiones conscientes, confía en tu carácter, sigue la guía de tu intuición y aplica la autodisciplina para alcanzar metas; el éxito está al alcance de tus manos".

Intuición: del "click" cerebral al gran salto empresarial

¿Sabías que tu "corazonada" y el estado de *flow* activan redes cerebrales casi idénticas? Investigadores de Oxford y la Universidad de Helsinki compararon resonancias funcionales de personas improvisando jazz con voluntarios que tomaban decisiones intuitivas bajo presión. Encontraron el mismo patrón: corteza prefrontal más silenciosa y circuitos de recompensa al máximo, una combinación que favorece las elecciones rápidas y acertadas (Al-Khalili [1] & Graves, 2025). Ese hallazgo respalda la idea central de este capítulo: **cuando la lógica se queda corta, tu GPS interno puede ver la ruta entera.**

Para aterrizarlo, mira el caso de **Netflix**. En 2007, antes de que los datos predijeran lo inevitable, Reed Hastings se fió de su instinto y apostó por el streaming. El Excel decía que el correo postal seguiría siendo rentable diez años más, pero Hastings intuyó otra cosa: "la ola digital vendrá más rápido de lo que creemos". Convenció al consejo, cambió todo el modelo de negocio y quemó las naves. En 24 meses los envíos de DVD comenzaron a caer y el nuevo servicio superaba ya los seis millones de usuarios (Alcácer[2] & Lucidi, 2025, caso HBS 725-429). Sin aquella decisión "prematura", hoy Netflix sería nota al pie.

1 Al-Khalili, J., & Graves, L. (2025). Flow and Intuition: a Systems Neuroscience Comparison. Neuroscience of Consciousness. DOI…

2 Alcácer, J., & Lucidi, L. (2025). *Netflix Beyond Streaming:* Strategies for the Next Era of Entertainment (Case 725-429). Harvard Business School.

Lección accionable

- **Reconoce la señal.** Cuando sientas esa certeza visceral –un click casi físico– detén el ruido externo y dale espacio.
- **Contrasta, no canceles. Pregunta** "¿qué datos apoyan o contradicen esto?" y recopílalos en 30 min. Si nada invalida la corazonada, avanza.
- **Protótipo exprés.** Diseña una versión mínima (correo, boceto, llamada) antes de 24 h. La evidencia científica muestra que la intuición acierta más cuando se testea pronto y se ajusta rápido.

"La intuición es ver con los ojos cerrados y movernos mientras otros siguen calculando."

— Resumen del estudio "Flow and Intuition: a Systems Neuroscience Comparison" (2025)

2

EL PODER DE LA MENTALIDAD CORRECTA

"Tu mente es el terreno donde siembras el éxito. Cultiva pensamientos positivos y enfocados, y observa cómo la realidad comienza a alinearse con tus metas. La claridad en tus deseos es el primer paso hacia la grandeza."

Como vimos en el capítulo anterior, tu éxito comienza en la mente, por tanto, cultiva pensamientos que te impulsen a seguir adelante, incluso cuando el camino se vuelva incierto; todos sabemos que la vida tiene altos y bajos, como un electrocardiograma, la felicidad no es constante; por eso es que hablamos de que la forma en que piensas influye directamente en los resultados que obtienes, tú estés pensando, así tal cual vas a tener eso, es como una frecuencia, porque tú lo pones en tu mente, lo llevas a tu corazón y luego a tus actos, ya está hecho.

Esto influye directamente en los resultados que obtienes: si piensas que algo es posible, pues tienes razón; si piensas que es imposible, también tienes razón, ya te has condenado al fracaso, pero si crees firmemente en tu capacidad para triunfar, no importa cuán difíciles sean las circunstancias, siempre encontrarás la manera de lograrlo. Aparte, vas a tener personas al lado que van a esperar cómo lo vas a hacer, porque saben que tienes la mentalidad correcta y la frecuencia que va al éxito.

La mentalidad correcta no solo es importante, es el fundamento de todo éxito, la mayoría de las personas se detiene ante los obstáculos, ven dificultades y deciden que no vale la pena seguir adelante; sin embargo, aquellos que desarrollan una mentalidad orientada al éxito, ven esos mismos obstáculos como oportunidades, para ellos los desafíos no son barreras, sino escalones hacia algo más grande. Todas esas personas que ya han alcanzado el éxito, han pasado por circunstancias difíciles y atravesaron un fracaso, muchas incluso cayeron en bancarrota; ahí es donde definimos que la mente es el campo de batalla que controla tus pensamientos para conseguir el éxito. Cada pensamiento tiene el poder de impulsarte hacia tus metas o frenarte en seco, tú decides; si permites que los pensamientos de duda, miedo o fracaso dominen tu mente, es muy probable que termines actuando de acuerdo a ellos; pero si alineas tu mente con pensamientos de confianza, esperanza y éxito, pronto notarás que tus acciones también empiezan a alinearse con esos pensamientos positivos.

El primer paso para controlar tu mentalidad es ser consciente de tus pensamientos, mi mentor siempre me decía: "pregúntate, ¿qué estoy pensando en este momento?, y si te das cuenta de que te enfocas en que no puedes hacerlo o en los problemas que te rodean, detente, reconoce esos pensamientos y comienza a reemplazarlos conscientemente por pensamientos que te impulsen hacia adelante inmediatamente". Antes no entendía cuando decían que todo comenzaba por ti y que cuando tú cambiabas, todo cambiaba; solo decía "bueno, si yo cambio, todo cambia", pero no lo comprendía, únicamente lo repetía; pero no se trata de eso, sino de verdad hacerlo, creerlo, sentirlo, internalizarlo en ti y entender que tú haces que todo cambie para que veas la realidad de manera diferente.

Cada mañana, antes de empezar tu día, dedica cinco minutos a observar tus pensamientos, si notas que alguno de ellos está lleno de dudas o miedo, detente y respira, recuerda que hablamos de tres respiraciones profundas; si mis pensamientos determinan mi éxito, elijo pensar y enfocarme en lo que puedo lograr. Este sencillo acto de reemplazo mental te ayudará a comenzar a controlar tu mente desde el primer momento, te invito a que lo hagas, a mí me ha ido de maravilla reemplazando todos esos pensamientos de miedo. Luego, tienes que ir programando tu mente para ese éxito que estás buscando.

Cada uno de nosotros lleva consigo creencias que nos han acompañado durante años, algunas de ellas te impulsan, pero muchas actúan como barreras invisibles que limitan lo que eres capaz de lograr; estas creencias limitantes suelen originarse en una experiencia pasada, en lo que han dicho otros o te han enseñado, en que no te crees suficientemente bueno o que el éxito es solo para personas especiales; sin embargo, estas creencias no son hechos, son pensamientos que has aceptado como verdades; entonces, este es el momento de cambiarlas: si te paraste pensando que no podías, sustitúyelo con que sí puedes, ya simplemente con el hecho de respirar, estás ganando la batalla, tienes un día más.

Una buena noticia es que puedes reprogramar tu mente para eliminar esas creencias limitantes, el cerebro es flexible y adaptable; así como aprendiste esas circunstancias negativas, también puedes adquirir nuevas creencias, todo depende de ti. Empieza por identificar cuáles son esas creencias que te están limitando, reconócelas y trabaja en reemplazarlas; haz una lista de las creencias que sientas que te están frenando, luego, escribe al lado una opuesta que te ayude y que te empodere, por ejemplo, "no soy capaz de lograr grandes cosas", cámbiala por "estoy en el proceso de alcanzar grandes cosas cada día". Repite esta nueva creencia varias veces al día, especialmente cuando te enfrentes a una situación que te desafíe, de este modo, estarás entrenando tu mente para que se enfoque en lo positivo y no en lo que te detiene.

Una mentalidad orientada al éxito no se deja intimidar por los obstáculos, simplemente son cosas que vas a superar y ahí es donde agarras ese arranque más poderoso, porque sabías que había algo que te estaba deteniendo, pero lo lograste rebasar; algo inevitable es que la vida te lanzará desafíos, no obstante, lo más bonito es que los vas a poder superar; la manera en que respondes a esos retos es lo que determinará el éxito o el fracaso; mientras algunas personas ven problemas como razones para rendirse, aquellos con la mentalidad correcta ven oportunidades; tal vez creas "oh, él es diferente a mí", no, él es igual que tú, lo único es que él está viendo una oportunidad y tú ves algo que te detiene. Recuerda esto siempre, "cada problema esconde una gran oportunidad". Repítelo y repítelo hasta que lo entiendas, porque ahí es donde está el éxito.

Había una persona que siempre me decía: "eso que no quieres hacer, es lo que te va a llevar al éxito que quieres tener"; se escucha bonito, pero si te lo repites todos los días, entenderás que el fracaso no es más que una lección disfrazada; los desafíos son simplemente formas que tiene la vida de fortalecerte para obtener grandes triunfos que, a menudo, se logran justo después de haber superado los mayores obstáculos. Si puedes entrenarte para buscar las oportunidades en cada situación difícil, serás más imparable cada día. La próxima vez que enfrentes un problema, en lugar de preguntar, "¿por qué me está pasando esto?", cambia la pregunta a "¿qué puedo aprender de esta situación?, ¿cómo puedo crecer a partir de esto?", así modificarás la mentalidad, encontrando soluciones.

Las actitudes que adoptes frente a los desafíos, marcará la diferencia entre el éxito y el fracaso; en lugar de rendirte cuando el camino se vuelve difícil, elige mantener una actitud positiva; la negatividad y el pesimismo solo te alejan de tu meta, pero la mentalidad favorable te dará la energía necesaria para seguir adelante sin importar lo que suceda; mantener una actitud positiva no significa ignorar el problema, se trata de elegir centrarte en lo que puedes controlar y en lo que está funcionando, en lugar de quedarte atrapado en lo que no puedes cambiar.

Los pensamientos positivos no solo te motivan, también impactan directamente en tu comportamiento: cuanto más optimista seas, más dispuesto estarás para actuar y perseverar, eso te llevará inevitablemente al éxito. Cuando las empresas de servicios tienen un éxito, se debe a que resuelven un problema. Están brindándole una solución a alguien. Visualiza tu éxito.

Al final de cada día, anota tres cosas positivas que te ocurrieron, por pequeñas que sean. Ese hábito te ayudará a entrenar tu mente para enfocarse en lo positivo, permitiéndote mantener una actitud optimista y proactiva, incluso en momentos difíciles. Tu objetivo es entrenar la mente para tener ese éxito que buscas. Visualiza tu éxito y dale forma a tu mente antes de alcanzarlo. Todos los *coaches* dicen que primero tienes que visualizarlo para poderlo lograr.

Por eso aparecen mapas de los mapas de visión y te recuerdan a repetirlo todos los días, porque primero tienes que verlo en tu mente. Este es un aspecto crucial para desarrollar la mentalidad correcta. No es simple acto de imaginación o de repetición, es un proceso poderoso que te prepara para aceptar el éxito como una posibilidad real.

Por ejemplo, Conny Méndez habla de pedirlo a un dios de la metafísica. No, no es cuestión de metafísica, es cuestión de creértelo y verlo en ti mismo logrado; de esta forma estás entrenando tu cerebro para buscar la manera de hacerlo realidad. Y créeme que te va a llegar, la oportunidad vendrá y tú vas a decir, "oh *wow,* es verdad".

La visualización no es solo un sueño despierto, es una herramienta poderosa que puedo usar diariamente para mantenerte enfocado y motivado; entre más detallada sea tu visualización y más lo sientas en tu mano, más impactos tendrás en tu subconsciente; con el tiempo, esta práctica te ayudará a superar los obstáculos internos que podrían estarte impidiendo alcanzarlo y lo verás materializado en la realidad que tú estás buscando. Cada día, tómate unos minutos para cerrar los ojos y visualizar tu éxito, imagina tu vida exactamente como quieres que sea. Siente la satisfacción de haber logrado tu meta y mantén esa imagen clara en tu mente. Cuanto más lo hagas, más real se volverá esa visión para ti y más fácilmente te dirigirás hacia ella.

El poder de la mentalidad correcta no puede subestimarse. Todo lo que logres en la vida, cualquier cosa que alcances, comenzará primero en tu mente. Cultivar pensamientos que te impulsen, reemplazar creencias limitantes, ver oportunidades donde otros ven obstáculos y mantener una actitud positiva frente a los desafíos, te llevará sin duda hacia el éxito. Imagina que tu mente es el terreno donde se siembra el éxito: si plantas pensamientos positivos y poderosos, cosecharás una vida llena de logros y satisfacciones.

DEFINE UN DESEO CLARO Y ARDIENTE

Esto se lo debo a Napoleon Hill, para definir un deseo claro y ardiente. El primer paso hacia el éxito es saber con claridad lo que quieres. Solo cuando tu deseo arde lo suficiente, las acciones surgirán. Sin ese deseo no hay dirección y, por ende, no habrá una acción efectiva. Muchas personas sienten que quieren algo más de la vida, ya sea éxito, riqueza, satisfacción personal o profesional, pero su deseo es vago e indefinido. Este tipo de deseos sin dirección clara no tiene poder de impulso, por lo que seguirán haciendo la carrera de la rata que vienen desarrollando.

Para lograr grandes cosas debes definir exactamente lo que deseas. No basta con querer ser exitoso o tener más dinero. Necesita aclarar exactamente lo que quieres, cuándo lo quieres y por qué lo quieres. Un deseo fuerte y bien definido actúa como una fuerza que impulsa a proceder de manera imparable. Este deseo no es una simple ilusión, es una visión que te conduce y te consume, te guía a cada paso que das. Ese poder lo da la claridad de saber exactamente lo que quieres.

Dicha claridad es la base de todo logro. Sin ella estarás perdido, en un mar de dudas, sin saber realmente a dónde quieres dirigirte; no puedes esperar que algo se manifieste en tu vida si ni siquiera sabes lo que estás buscando. Cuando defines tu deseo con precisión, todo comienza a alinearse: tus pensamientos, tus acciones y tus decisiones empiezan a trabajar en armonía para acercarte a lo que deseas. Definir tu deseo con claridad no solo te ayuda a concentrarte, sino que también te da el impulso necesario para superar los obstáculos que inevitablemente encontrarás en el camino.

Con un deseo claro, toda distracción pierde poder y las dudas se disipan. Cada decisión que tomas se basa en si te acerca o te aleja de ese deseo. Tómate unos minutos para escribir exactamente lo que deseas lograr, sé específico. Si tu objetivo es tener éxito, detalla el significado de éxito para ti. ¿Cuánto dinero quieres ganar? Anota un número determinado. ¿En qué área específica anhelas destacar o lo quieres ganar? Una vez que tengas un deseo claramente definido, léelo cada día y recuérdate porque es tan importante para ti.

Existe una gran diferencia entre un deseo débil y uno ardiente: un deseo débil es un pensamiento pasajero, una fantasía que aparece como una esperanza y desaparece. Tal vez hoy quieras algo, pero mañana sentirás la diferencia. Este tipo de deseos no tiene poder para impulsarte a actuar.

Por el contrario, un deseo ardiente es mucho más que una simple idea. Es una fuerza interna que te quema por dentro, que te consume, te motiva y te impulsa a moverte, incluso cuando las circunstancias parecen difíciles. Cuando tu deseo arde con fuerza, no te quedas sentado esperando que las cosas sucedan. Tomarás acción y sin importar cuántas veces caigas o cuántos obstáculos enfrentes, el deseo ardiente no acepta excusas, solo resultados. Es este fuego interno que te levantará cada vez que te caigas y te hará intentarlo cuando otro se rinda.

Después de haber definido tu deseo con claridad, pregúntate, ¿cuánto lo quiero? Repite la pregunta, ¿cuánto lo quiero? Rodrigo siempre me decía:

—¿Cuánto lo quieres?, ¿mucho?, y, ¿lo estás haciendo?

—No.

—Entonces ahí mides cuánto lo quieres. ¿Es algo por lo que estás dispuesto a luchar y sin importar las dificultades? Si la respuesta es sí, entonces has encontrado un deseo ardiente.

Si dudas, vuelves a revisar lo que realmente quieres y asegúrate de que está alineado con tus verdades y pasiones.

¿CÓMO ALIMENTAR ESE DESEO ARDIENTE CADA DÍA?

Cada vez que has definido tu deseo, lo has sentido. Arde por dentro, sin embargo, es crucial mantener ese fuego encendido. El entusiasmo inicial es fácil de sentir, pero puede desvanecerse con el tiempo. Alimenta continuamente ese deseo para mantenerlo fuerte y vibrante, debes recordarlo, visualizarlo y sentirlo todos los días, dejando que se convierta en algo constante, un pensamiento diario.

Visualizar tu éxito con regularidad es una herramienta poderosa para mantener vivo ese deseo. Cuanto más veas y sientas el resultado que deseas, más fuerte se volverá tu impulso interno para alcanzarlo. No solo es cuestión de pensar en ello, sino de sentirlo con intensidad. Deja que esa visión consuma tu mente y tus emociones de tal manera que no puedas ignorarla. Cada mañana, antes de comenzar el día, siéntate en silencio durante unos minutos y visualiza tu deseo como si ya lo hubieses alcanzado; siente esa satisfacción, ese orgullo, esa alegría y esa emoción que te traerá.

Aunque para muchos ir a Disney es como un sueño, Walt Disney murió antes de ver el parque creado, o sea, fue una lástima que él no pudo presenciar su sueño hecho realidad. No obstante, su hermano dijo que él lo vio antes de que todos lo conocieran. Ese es el secreto de visualizarlo: verlo antes de que otros lo crean posible. Eso es lo que hace esa pequeña, pero gran diferencia: verlo posible antes que los demás; vas a ver lo poderoso y grande que es esa pequeña visualización.

Visualizar tu éxito con regularidad, es una herramienta poderosa para mantener vivo ese deseo; entre más veas y sientas el resultado que deseas, más fuerte se volverá ese impulso interno para alcanzarlo. Aparte, vas a contagiar a otras personas porque eso que tú sientes es muy grande. Este libro, para mí es algo grande, porque todas las cosas que veía como derrota, ahora las percibo como virtudes, habilidades y capacidades que he desarrollado para poder entender a quienes están pasando por esa situación ahorita, para aprender, valorar, amar y acoger cada una de ellas.

Siéntelo con intensidad, deja que esa visión consuma tu mente y tus emociones, de tal manera que no lo puedas ignorar. Insisto en esto que es oro puro: cada mañana, antes de comenzar el día, siéntate en silencio durante unos minutos y visualiza tu deseo como si ya lo hubieses logrado, sintiendo esa satisfacción, ese orgullo y la alegría que te traerá. Haz de esta visualización un ritual diario. Así estarás alimentando constantemente ese deseo y entrenando la disciplina para lograrlo; esto te motivará a actuar correctamente todos los días, forjando el puente entre el deseo y la realidad.

Un deseo, por muy claro y fuerte que sea, no es suficiente por sí solo, así que debes actuar. Esa ejecución será el puente que conecte tu deseo con la realidad. Cada paso que das, por pequeño que sea, te acercará más a tu objetivo. Un deseo ardiente es lo que te motiva a actuar, incluso cuando enfrentas desafíos y obstáculos. Es fácil creer algo, pero es mucho más difícil hacer lo necesario para alcanzarlo. Sin embargo, cuando tu deseo es lo suficientemente fuerte, tendrás la energía para tomar las medidas necesarias hasta en los días difíciles, dado que no se trata de esperar a que las condiciones sean perfectas. Se trata de empezar ahora con lo que tienes y donde estás. Las oportunidades perfectas rara vez llegan, en cambio, tú las creas cuando la acción se hace con determinación. Hoy mismo, haz una lista de tres acciones concretas que puedes tomar para acelerar tu deseo. No tienen que ser grandes acciones, pero si deben ser específicas y realizables. Asegúrate de completarlas antes de que termine el día.

Ese hábito de actuar, aunque sea con pequeños pasos, te llevará gradualmente a tu objetivo. El compromiso que tengas contigo mismo será tu garantía de éxito; anota ese compromiso que tienes con tu meta y fírmalo, se trata de comprometerte completamente, sin dudas ni vacilaciones. Cuando estás comprometido, no aceptas un no como respuesta, sigues adelante, independientemente de los desafíos que enfrentes. Ese nivel de compromiso total significa que no hay plan B. No te permites retroceder ni hay salida fácil, sino que se crea una presión positiva que te impulsa a encontrar soluciones. Es como cuando quemas los puentes detrás de ti y decides que no hay vuelta atrás, obligas a tu mente y a tu cuerpo a dar ese máximo esfuerzo para lograr lo que te has propuesto.

Escribe una declaración de compromiso para ti, con tus palabras, lo que tú sientas. Porque cuando nace de ti, surge desde tu verdad. Sé claro y directo sobre lo que deseas y lo que estás dispuesto a hacer para lograrlo. Firma esa declaración, como si estuvieras firmando la propiedad de tu casa o de tu carro. Es tuya. Colócala en un lugar donde la puedas ver todos los días. De esta manera, cada vez que enfrentes un desafío, acuérdate de ti mismo el compromiso continuo y la importancia que tiene para ti, para poder continuar y actuar sin importar los obstáculos.

El deseo ardiente es lo que alimenta la persistencia. Esta es una cualidad esencial en el camino, sin persistencia, incluso los deseos más fuertes pueden apagarse, pero cuando tu deseo arde lo suficiente, te impulsa a seguir adelante a pesar de los fracasos. A veces podemos sentir que vamos lento, pero no es así, es el tiempo perfecto de cada uno, ya que no todos los resultados llegarán de inmediato; en estos momentos la persistencia se vuelve crucial, pues donde otros se detienen, podrás alcanzar el éxito por tener un deseo tan fuerte que te hará seguir adelante cuando las circunstancias sean difíciles.

Cada vez que te enfrentes a un fracaso o a un contratiempo, recuerda ese deseo ardiente y tómate un momento para visualizarlo. Eso es lo único que te va a dar esa esperanza, un nuevo sentir, esa intensidad que requieres. Y luego pregúntate, ¿qué puedo hacer ahora para seguir avanzando? Esta práctica te ayudará a persistir, incluso en los momentos difíciles.

Deja que tu deseo impulse la acción. El deseo claro y ardiente es el primer paso hacia el éxito. Sin claridad no hay dirección y sin deseo no hay acción. Pero cuando defines lo que realmente quieres y sientes ese fuego dentro de ti, te vuelves imparable. Las distracciones y los obstáculos se vuelven retos temporales y las acciones se convierten en una respuesta natural. Cuando sabes exactamente lo que quieres, tu deseo arde dentro de ti y nada puede detenerte.

El éxito es inevitable para aquellos que tienen el coraje de actuar sobre sus deseos más profundos.

Decidir cuando el reloj corre: de la corazonada al gran sí

En 2009, Airbnb estaba al borde del colapso. Los números no cuadraban y los inversores dudaban. Una tarde, Brian Chesky miró las fotos borrosas de sus anuncios y sintió un chispazo: "Necesitamos imágenes que enamoren". Sin ningún estudio de mercado que lo avalara, alquiló una cámara profesional y él mismo salió a retratar los apartamentos de Nueva York. A la semana, las reservas se dispararon y la empresa consiguió los fondos que necesitaba para sobrevivir. Esa decisión relámpago —tomada bajo presión y sin todos los datos— marcó el inicio del gigante de la economía colaborativa (Chesky, entrevista *FirstRound*[3] *Review*, 2014).

La ciencia respalda este tipo de movimientos. Una revisión que analizó 152 estudios sobre cómo pensamos y decidimos concluyó que, en situaciones complejas y con poco tiempo, una intuición bien entrenada supera al razonamiento analítico en precisión y velocidad (Martínez[4] & O'Connor, 2025). La clave está en que el cerebro, ante la urgencia, recurre a patrones grabados por la experiencia y filtra el ruido, algo que los modelos puramente lógicos tardan en procesar.

Cómo aplicarlo ya

- **Define tu ventana de acción.** Decide con antelación cuánto tiempo vas a dedicar a recopilar información antes

---

3 FirstRound Review. (2014). *How Airbnb Proved that Professional Photos Can Save a Startup.* Interview with Brian Chesky

4 Martínez, P., & O'Connor, S. (2025). *Integrative Insights into Rational and Intuitive Decision-Making: A Systematic Review of 152 Studies. International Journal of Behavioral & Experimental Analysis.* DOI…

de tomar una resolución. Cuando venza ese plazo, actúa con lo que tengas.

- **Crea "pruebas de fuego".** Pregúntate: *¿Si todo se redujera a un solo factor, cuál pesaría más?* Esa pregunta destila la esencia y simplifica el camino.
- **Ejecuta el primer paso hoy.** Lanza el correo, reserva la sala, sube la primera versión. La evidencia muestra que un avance mínimo refuerza la confianza y clarifica los siguientes pasos.

"La intuición entrenada no es azar:
es conocimiento comprimido listo para activarse
cuando el cronómetro aprieta."

—Resumen de "Integrative Insights into Rational and Intuitive Decision-Making" (2025).

3

LA PERSISTENCIA COMO CLAVE DEL ÉXITO

"El fracaso no es el final, es el maestro que te prepara para la victoria. La persistencia diaria, incluso en pequeños pasos, construye el puente hacia tus mayores sueños."

El fracaso no es el final, sino una señal de que el éxito está a la vuelta de la esquina si tienes el valor de seguir adelante, porque es como lo vimos en los dos capítulos anteriores: se trata de persistir, insistir y continuar en la lucha hasta lograrlo. El éxito no es resultado de un solo esfuerzo ni es algo que ocurre de la noche a la mañana. Las personas que triunfan no lo hacen porque nunca enfrentan dificultades, sino porque persisten a pesar de ellas y eso es lo que debemos tener en cuenta nosotros. Esta persistencia es la virtud que separa a aquellos que alcanzan sus metas de los que se rinden demasiado pronto. Cualquiera puede iniciar un proyecto con entusiasmo, es más, todos iniciamos con entusiasmo, pero solo aquellos que perseveran hasta el final, son los que ven los frutos del trabajo que han hecho.

En este capítulo aprenderás que la persistencia es un hábito que se puede desarrollar. No se trata de nunca fallar, sino de levantarse cada día, cada vez que te caes. El fracaso no es el punto final, ni es lo que te va a detener, sino es la etapa en el camino hacia el éxito. Siempre les voy a hablar de mis *coaches,* porque ellos me han enseñado y me han dejado mucho, mi *coach* me decía siempre que me enfocara en el proceso de mi evolución y no en el resultado que quería ver. Porque cuando nos enfocamos en resultados y no los vemos, tendemos a renunciar. Disfrutemos el camino hacia el éxito viviendo ese proceso.

¿Cómo puedes entrenarte para persistir, incluso cuando el camino se pone cuesta arriba? La persistencia es una decisión, tienes que elegir diariamente lo que haces. Una vez, me llamó mucho la atención alguien que decía que su papá lo metió en un campo de boxeo, entonces, él todos los días iba y los ponían a entrenar una hora, a hacer cien vueltas y cien flexiones; otra persona conocía sus capacidades y le dijo:

—Entonces tú no renunciabas por querer ganar. —Y él respondió:

—No, yo renunciaba a diario, porque ningún día quería ir, pero sabía que tenía que continuar y todos los días decidía que tenía que hacerlo.

Entonces, no es cuestión de renunciar a la primera, sino de saber que el camino es un poco difícil, pero ese resultado que tú quieres, vale la pena todo ese proceso y lo vas a disfrutar. La persistencia no es un evento aislado, es una decisión que se toma todos los días, cada mañana al despertar, decides que seguirás avanzando hacia tus metas o si dejarás que las dificultades te detengan, tú decides. No necesitas lograr grandes cosas cada día, pero sí debes comprometerte a seguir avanzando un paso a la vez. La clave está en mantener la constancia, en continuar moviéndote hacia adelante, aunque a veces el proceso sea lento. Es fácil sentirse tentado a rendirse cuando las cosas no salen como esperabas, es muy fácil, pero aquí es donde entra en juego la persistencia, elegir avanzar, incluso cuando los resultados no son los esperados. En lugar de enfocarte en lo lejos que está tu objetivo, concéntrate en dar el próximo paso.

Esto también me lo decía mucho mi *coach,* que si la meta era muy grande, la dividiera en pasos pequeños para que pudiera ir logrando algo cada día y no me pareciera que nunca fuera a llegar a esa meta. El proceso es acumulativo y cada pequeño avance se acerca más a lo que deseas. Si cada día, al iniciar la jornada, eliges una acción que te acerque a tu meta —no importa cuán pequeña sea esa acción, lo importante es que la hagas—, al final de la semana habrás dado muchos pasos hacia adelante. Esto es un sencillo ejercicio que te ayudará mucho: si anotas cada cosa que haces todos los días, en una semana apuntarás siete cosas; un mes vas a hacer treinta; no obstante, solo hiciste una cada día, no renunciaste a ello.

TRANSFORMAR EL FRACASO EN LECCIONES

Una de las principales razones por que la gente abandona las metas es por miedo al fracaso; nadie quiere fallar, pero el fracaso es parte natural del camino hacia el éxito.

Todavía no he visto una entrevista de una persona exitosa que no haya fracasado antes, porque cada fracaso es una oportunidad de aprendizaje. Cuando enfrentas una dificultad o un revés, no la veas como el final, sino como una lección valiosa que te permitirá mejorar, ¿por qué?, porque ya lo pasaste, lo entendiste y sabes que por ahí no es. Las personas que persisten no son aquellas que nunca fallan, sino aquellas que entienden que el fracaso es parte de algo que necesita ajustarse.

En lugar de rendirte, te vas a preguntar, ¿qué puedo aprender de esto?, ¿cómo puedo mejorarlo? Adopta una mentalidad que no solo que te ayudará a superar los obstáculos, sino que también te permitirá crecer con cada experiencia. Piensa un momento reciente en el que hayas experimentado un fracaso o un revés. En lugar de centrarte en lo negativo, reflexiona, ¿qué me enseñó esta experiencia?, ¿cómo puedo usar una lección para mejorar en el futuro? Anota las lecciones que hayas aprendido y utilízalas sabiamente para seguir avanzando.

LA FUERZA DE LA REPETICIÓN

No sabes lo valioso que es la repetición. Persiste hasta que te conviertas eso que tú quieres, en un hábito. La persistencia no es solo cuestión de voluntad, es un hábito que puede desarrollarse a través de la repetición. Cuando repites una lección una y otra vez en tu mente, comienzas a reconocerla como algo natural y, con el tiempo, persistir se vuelve algo más fácil, porque ya no te tienes que esforzar, sino que lo haces de manera automática. El cerebro está diseñado para aprender a través de la repetición, por ende, la repetición es la clave del éxito.

Cuantas más veces repitas una acción, más fácil será realizarla la próxima vez. Esto también se aplica a la persistencia. Cuantas más veces te enfrentes a un obstáculo y elijas seguir adelante, más fuerte será tu capacidad para persistir. Con el tiempo, la persistencia se convertirá en una parte natural de tu forma de ser.

Escoge un objetivo que quieras alcanzar y divídelo en pequeños pasos manejables, que puedas alcanzar, que sean simples y comprométete a realizar uno a la vez todos los días sin importar lo que suceda; repite el proceso hasta que se convierta en un hábito automático. La repetición diaria te ayudará a construir el músculo de la persistencia. Mantente enfocado en el objetivo final. En los momentos difíciles es fácil perder de vista por lo que empezaste. El cansancio, la frustración y las dificultades pueden nublar tu visión, haciéndote dudar de si realmente vale la pena seguir adelante. Pero aquí es donde entra el juego de la visión clara de tus metas. Mantener tu atención en el juego final proporciona la motivación necesaria para continuar, incluso en los momentos que no son fáciles.

Recuerda siempre por qué comenzaste, por qué estás haciendo eso. Visualice ese resultado y siéntelo. Tienes que visualizar el resultado final de tus esfuerzos y mantener una imagen presente en tu mente. Cuando tengas claro por qué estás haciendo eso, será mucho más fácil persistir a través de los desafíos. El éxito no es tratar de dar la vuelta a la esquina, no, el éxito es para el que cree que va a triunfar y sigue avanzando inevitablemente lo alcance o no; si sigues avanzando, inevitablemente lo alcanzarás. Dedica unos minutos de cada día a visualizar el logro de tu objetivo, siéntelo como si ya lo hubiese alcanzado, eso es parte fundamental, imagina cómo se vería en tu vida cuando llegue a tu meta, disfruta y deja que esa imagen subsista, esa claridad de tu visión te dará la fuerza para persistir y es la clave fundamental para tener éxito.

Hemos hablado mucho de la autodisciplina, el combustible de la persistencia, la fuerza que te alinea, ya que si bien la motivación puede fluctuar, la autodisciplina es la que te garantiza que sigas actuando, incluso cuando no te sientes motivado. Personas exitosas no dependen de la inspiración para seguir adelante, dependen de la autodisciplina, esa capacidad para hacer lo que se debe hacer en el momento en que no lo quieres hacer.

Entonces, para cultivar la autodisciplina debes entender que tienes que actuar de una manera coherente con tus metas, independientemente de cómo te sientas. Así, seguirás avanzando cuanto otros se detengan. Cuanto más la practicas, más fuerte te vas a volver. Haz un compromiso contigo mismo, realizar una acción diaria que te acerca a tu meta sin importar cómo te sientas, puede ser algo tan simple como dedicar quince minutos al día a trabajar en tu proyecto, incluso cuando no estés de humor.

Este pequeño acto de autodisciplina reforzará tu capacidad para persistir. El éxito no es el resultado de una única opción, sino de la persistencia diaria. Aquellos que triunfan no lo hacen porque nunca enfrentaron dificultades, sino porque han aprendido a persistir a pesar de ellas. La clave para alcanzar cualquier meta es seguir avanzando incluso cuando el camino se vuelve difícil. Cada vez que persistes, estás dando un paso más cerca a tu objetivo. La persistencia no es simplemente sentir, es avanzar con determinación, sabiendo que cada obstáculo solo es una oportunidad para fortalecer el camino hacia el éxito.

Mentalidad de crecimiento
del "no puedo" al "¿qué aprendo?"

Piensa en Sara Blakely, fundadora de Spanx. A los 23 años vendía faxes puerta a puerta. Cada "no" era un ladrillo más en su muro de frustración… hasta que cambió la pregunta. En vez de "¿por qué a mí?", empezó a preguntarse "¿qué me está enseñando esto?". Esa reprogramación de enfoque —lo que hoy llamamos *growth mindset*— la llevó a patentar su primera prenda, ignorar las risas de los inversores y, una década después, convertirse en la multimillonaria más joven hecha a sí misma de la revista *Forbes*[5].

La ciencia confirma que esa mentalidad es oro puro. Un meta-análisis reciente con más de 24 000 participantes demostró que adoptar *growth mindset* eleva la perseverancia (*grit*) y mejora el desempeño académico y laboral en al menos un 15 % (Lee[6] & Chen, 2025, *Acta Psychologica*). El estudio resalta un hallazgo clave: quienes creen que sus habilidades pueden crecer toleran mejor el error, se recuperan más rápido y convierten el fracaso en combustible.

Cómo aplicarlo ya

- **Redefine el error.** Cada vez que tropieces, escribe dos lecciones y un ajuste inmediato. Transforma la caída en instructivo.

---

5 Forbes. (2012). *The World's Self-Made Women Billionaires: Sara Blakely's Journey from Faxes to Fashion.*

6 Lee, Y., & Chen, J. (2025). *Growth Mindset and Grit: A Meta-Analysis of Their Joint Impact on Performance. Acta Psychologica.* DOI…

- **Repite la palabra "todavía".** No es "no sé vender", es "no sé vender **todavía**". Esa sola sílaba abre la puerta a la mejora continua.
- **Celebra el progreso, no solo el resultado.** Anota cada avance micro. La evidencia muestra que reconocer los incrementos refuerza la perseverancia y dispara la motivación intrínseca.
- **Haz un compromiso visible en 24 h.** Puede ser registrar tu proyecto, apuntarte a un curso o practicar diez minutos extra. Acción rápida fija la nueva creencia en tu sistema nervioso.

"Las personas con mentalidad de crecimiento convierten los límites en puntos de partida."

—Resumen del meta-análisis sobre *growth mindset* y *grit* (Lee & Chen, 2025)

4

EL PODER DEL PENSAMIENTO POSITIVO

"El optimismo es más que una actitud, es una herramienta que te abre puertas. Cuando enfocas tu energía en lo que es posible, las soluciones emergen y el camino se despeja".

Pienso que la actitud es determinante, la actitud determina la altitud. Mantén la fe en ti mismo y en tu capacidad para crear la vida que deseas. El pensamiento positivo es una herramienta, algo valiosísimo, o sea, no te imaginas el poder que tiene; es más que una actitud optimista, es el poder transformador con el potencial de cambiar por completo tu vida.

Cuando cultivas pensamientos positivos y te enfocas en lo que deseas, no solo te sientes más confiado, sino que también atraes mejores oportunidades. Las personas que adoptan una mentalidad de confianza y optimismo, no solo son más fáciles, sino que también actúan con mayor efectividad y se recuperan más rápido de los fracasos. La clave del éxito no está en lo que haces, sino en cómo piensas. Si tu mente está llena de dudas, temores y pensamientos de fracaso, eso se reflejará en tus acciones y, por ende, en los resultados que obtienes. Pero si cultivas una mentalidad positiva, verás cómo empezarás a atraer todas esas oportunidades y a superar más obstáculos, porque es como una frecuencia que dice "esta persona está lista para lo que sea", ya que tienes la actitud para enfrentar cualquier situación.

Entonces, acercarte a tus metas con una actitud positiva te fortalece. La relación entre tus pensamientos y tus resultados es muy importante. Todo lo que logras en tu vida comienza por un pensamiento. Tus pensamientos determinan tus acciones y tus acciones determinan tus resultados.

Si constantemente te repites que no puedes hacerlo o que el éxito no está a tu alcance, por supuesto que no lo va a ser. Te asegurarás de que eso sea cierto, porque así están tus pensamientos. Pensamientos negativos limitan la capacidad para actuar definitivamente, llenan tu mente de excusas y te dejan atrapado en un ciclo de inacción. En cambio, cuando piensas positivamente y te enfocas en lo que es posible, tu mente se abre a todas las oportunidades. Los pensamientos positivos no solo te dan la confianza de que eres capaz, sino que también te impulsan a actuar y a crear, motivándote a tomar medidas de otro modo, totalmente diferente a cuando no consideras el éxito.

El éxito nace en tu mente mucho antes de que se materialice en la realidad. Cada vez que enfrentes una situación desafiante, detente y pregúntate, ¿qué pensamientos estoy alimentando ahora mismo?, ¿qué pensamientos me acercan más a mi meta? Si descubres que tu mente está llena de dudas, reemplaza esos pensamientos de inmediato con uno positivo y empoderado, por ejemplo, "soy capaz de superar esto, siempre encuentro la solución". Practica este cambio de mentalidad cada vez que enfrentes un obstáculo y verás que tu capacidad para mantener pensamientos positivos va a mejorar, junto con todas tus capacidades de resolución de problemas. Todas, porque a todo le vas a buscar la forma positiva.

Es más, cuando te pase algo malo, tú lo vas a sustituir como si fuera algo bueno: "me pasó esto, me dejó de hablar esa persona", cámbialo por "pero claro, me dejó de hablar porque no era el momento adecuado, no lo necesito en mi vida". Y vas a entender que todo pasa por una causa que te va a llevar a un bien mayor.

CULTIVA LA FE EN TI MISMO

El pensamiento positivo no solo se refiere a ver el lado bueno de las cosas, sino también implica creer fielmente en ti mismo. Cuando tienes fe en tu capacidad para superar cualquier desafío, empiezas a actuar con confianza, misma que te lleva a obtener un mejor resultado.

La falta de fe en uno mismo es lo que detiene a la mayoría de las personas, pero está en una creencia que puedes cambiar rápidamente. La gente siempre quiere estar al lado de una persona que le soluciona las cosas. Entonces, conviértete en esa persona que soluciona, pero debes desarrollar fe en ti mismo; se requiere esfuerzo y dedicación para que, con pequeños actos de confianza, en lugar de dudar de tu capacidad, te enfoques en los logros que ya has alcanzado. Cada paso que das, por pequeños que sean, es la prueba de que eres capaz de seguir adelante y conquistar nuevos retos. Cuando te enfrentas a algo desconocido, recuerda que ya has superado desafíos en el pasado y que puedes hacerlo de nuevo.

Haz una lista de los éxitos que has logrado hasta ahora, sin importar lo pequeños que parezcan, estos te pueden llevar a desarrollar esa confianza que necesitas. Debes cumplir con el plazo hasta haber superado ese miedo personal a cada cosa; cuando enfrentes un reto, revisa esa lista y recuerda que ya has superado dificultades antes; este simple ejercicio te ayudará a reforzar la fe en ti mismo y a cultivar una mentalidad de éxito. Los pensamientos positivos atraen oportunidades cuando piensas en la manera.

En mi *vision board* dice: “Yo soy una creación única de valor, yo debo tener fe en mí misma”. ¿Por qué debo tener fe en mí? Porque es lo que me va a ayudar a desarrollar las capacidades para poder ayudar a otros. Pensar de manera positiva cambia tu vibración interna. Esto afecta la forma en que te sientes y cómo interactúas con el mundo y lo que te rodea; las personas optimistas tienden a ver oportunidades en todos lados; no es que las oportunidades no existan para los pesimistas, sino que ese enfoque en lo negativo les impide ver lo bueno que hay más allá; la actitud positiva te pone en un estado mental correcto para reconocer y aprovechar las oportunidades cuando surgen; si piensas que no hay solución a un problema, automáticamente cierras tu mente a posibles respuestas, pero cuando crees que siempre hay una manera de avanzar, te abres a nuevas posibilidades y soluciones creativas.

Cada vez que enfrentes un problema o un obstáculo, en lugar de decir que no hay manera, repite la frase “sé que hay una solución para esto, solo necesito encontrarla”; este simple cambio en la forma de pensar te mantendrá enfocado en oportunidades y te llevará a atraer más soluciones a tu vida diaria. Reemplaza pensamientos negativos con afirmaciones poderosas a lo largo del día. Por naturaleza, todos experimentamos pensamientos negativos, pero si no se controlan, pueden sabotear tus esfuerzos; la clave no está en evitarlos por completo, sino en aprender a reemplazarlos rápidamente con pensamientos positivos que te empoderen. Una técnica poderosa para hacer esto es utilizar afirmaciones: "yo soy inteligente, yo soy amorosa..." y todas esas cualidades que puedes tener, dales poder.

Las afirmaciones son declaraciones positivas que te ayudarán a reprogramar tu mente, al repetirlas a lo largo del día, estás entrenando tu mente para que piense de manera constructiva y optimista. Con el tiempo, estas afirmaciones reemplazarán los patrones de pensamientos negativos que hayan estado frenándote en tu vida. Elige tres afirmaciones que resuenen contigo y repítelas cada mañana. Algunas afirmaciones poderosas pueden ser: "yo soy capaz de superar cualquier desafío, el éxito está a mi alcance, cada día me acerco más a mis metas, yo soy una creación única de valor, yo estoy preparado para cualquier obstáculo que se me presente". Repite estas afirmaciones varias veces al día, específicamente cuando sientas que los pensamientos negativos comienzan a dominar tu mente.

LA ACTITUD POSITIVA COMO ESCUDO CONTRA LA ADVERSIDAD

Tengo una amiga, Judy Osorio, que siempre me dice: "Escucho lo que necesito escuchar y lo que no, no lo escucho, no es para mí". Entonces, para resolver problemas, a veces te tienes que volver así, selectiva de lo que dejas entrar.

No importa cuán optimista seas, inevitablemente enfrentarás adversidades, sin embargo, lo que realmente marca la diferencia no es la adversidad, sino cómo reaccionas ante ella. Las personas que han cultivado una mentalidad positiva tienden a manejar los desafíos con mayor resiliencia; en lugar de ver los problemas como obstáculos insuperables, los ven como pruebas temporales que pueden superar. La actitud positiva actúa como un escudo contra los momentos difíciles, aunque no los elimina, porque siempre vamos a enfrentar situaciones, es más, tenemos que agradecerlas, mira, si tenemos una vajilla sucia en la casa, tenemos que dar gracias a Dios, ¿por qué?, porque tuvimos una comida y por eso tenemos que hacer *cleaning* de toda la vajilla; si tenemos ropa sucia en la casa y tenemos que lavar, no nos quejemos, lavémoslas porque eso quiere decir que tenemos ropa para cambiarnos todos los días.

Algo impactante es que los niños son muy sinceros y van a decir lo que necesitan: si tú le preguntas a un niño que tiene todo, él te va a pedir millones de dólares y un Lamborghini; pero un niño con necesidad te va a decir, "quiero comida para mi hermana" o "quiero ir a la escuela", es decir, cada niño manifestará de qué carece. Asimismo, depende de donde estés y cómo te desarrolles, verás de lo que careces.

Ahora bien, la actitud positiva actúa como un escudo contra los momentos difíciles y aunque no elimina los problemas, sí cambia tu perspectiva, ya que en lugar de sentirse abrumado o con miedo a la duda, adoptas una actitud de confianza y optimismo; esta mentalidad no solo te ayuda a superar desafíos, sino que también te permite aprender y crecer con cada experiencia. La próxima vez que enfrentes el desafío, en lugar de preguntarte, ¿por qué me está pasando esto? Cambia tu enfoque por ¿qué puedo aprender de esto? Estas pequeñas diferencias en la forma en la que abordas los problemas, transformarán tu actitud ante la adversidad y permitirá encontrar soluciones con mayor facilidad.

EL PENSAMIENTO POSITIVO COMO UN ESTILO DE VIDA

Adopta este pensamiento permanentemente, no es algo que se hace de vez en cuando, ya que para obtener sus verdaderos beneficios, debes convertirse en un estilo de vida; además, a todo el mundo le gusta estar con personas vitaminas, que sonrían o que de verdad tienen una vibra de actitud positiva. Cada día tienes la oportunidad de escoger cómo vas a pensar y actuar, puedes adoptar un enfoque en donde decides ver el lado negativo o el positivo.

Los pensamientos positivos no son una negación de la realidad, sino una decisión consciente de enfocarte en lo que puedes controlar y en cómo puedes mejorar cualquier situación; cuanto más te encuentres pensando de manera positiva, más fácil será para ti encontrar soluciones, atraer oportunidades y actuar con confianza.

Cada noche, antes de dormir, haz lista con tres cosas de las que te sientas agradecido, este sencillo ejercicio entrenará tu mente para mantenerse enfocada en lo positivo y sonríe incluso cuando los días no salgan como esperabas; cultivando la gratitud reforzarás la actitud positiva, crearás un ambiente mental de éxito y descansarás.

Tu mentalidad es tu mayor activo, el pensamiento positivo es más que una simple actitud, es una herramienta poderosa: moldea tu realidad al cambiar la forma en que piensas, modificando la forma en que actúas y, por ende, mejorarán tus resultados y abrirás la puerta a un mundo de posibilidades.

La realidad no es lo que sucede, sino lo que eliges al reaccionar a lo que ocurre, adopta una mentalidad positiva y verás como el mundo a tu alrededor comienza a vibrar diferente.

Abundancia vs. escasez cuando compartir multiplica

En 2015, Dan Price —fundador de Gravity Payments— anunció que todos los empleados ganarían al menos 70 000 dólares al año, incluso si eso reducía temporalmente su propio salario a 1 dólar. Muchos auguraban ruina inmediata. ¿El resultado? La empresa duplicó ingresos en tres años, la rotación cayó al 0 %, y los clientes crecieron un 35 % gracias a la motivación explosiva de un equipo que se sentía valorado. Price[7] apostó por la **mentalidad de abundancia**: creer que al elevar a los demás elevas también el negocio.

La investigación respalda lo que vivió Gravity Payments. Un estudio presentado en la *Adult Education Research Conference* demostró que las personas con mentalidad de abundancia colaboran más, crean soluciones originales y mantienen mejor clima laboral (Reynolds[8] & Singh, 2025). Complementa esa evidencia una revisión en *Strategic HR Review* que halló cómo los líderes con "abundance mindset" disparan el compromiso de sus equipos y consiguen rendimientos hasta 17 % superiores al promedio de su sector (Taylor[9], 2025).

Cómo aplicarlo ya

- **Cambia la pregunta.** Ante cada reto, sustituye "¿qué pierdo si comparto?" por "¿qué ganamos todos si

7 Price, D. (2015). *Why I Set a 70K Minimum Wage.* TEDxSeattle.

8 Reynolds, K., & Singh, R. (2025). *Conceptualizing an Abundance Mentality: Implications for Adult Learning and Collaboration.* Adult Education Research Conference.

9 Taylor, P. (2025). *Abundance Mindset Boosts Leadership Potential. Strategic* HR Review.

colaboro?”. Ese giro mental reprograma tu foco de carencia a expansión.

- **Haz generosidad tangible.** Comparte un recurso valioso —un contacto, un tutorial, una idea— con alguien de tu red antes de que termine el día. Dar primero crea un círculo virtuoso que tarde o temprano regresa a ti.
- **Traza la cadena de impacto.** Visualiza cómo tu aporte circula: ayudas a un colega, él innova, su proyecto mejora la empresa y tú trabajas en un entorno más próspero. Esa imagen refuerza la motivación para seguir multiplicando valor.
- **Celebra el éxito colectivo.** Reconoce públicamente el logro de otro miembro del equipo. La evidencia muestra que apreciar al prójimo refuerza tu propio sentido de abundancia y fortalece la cultura de alto rendimiento.

“La abundancia no es una cuenta bancaria; es la decisión diaria de confiar en que hay espacio para todos en la cima.”

—Síntesis de Reynolds & Singh (2025) y Taylor (2025).

5

DEFINIR UN DESEO CLARO Y ARDIENTE

"Un deseo claro es el motor del cambio. Define tu meta con precisión, visualízala cada día y actúa como si ya fuera tu realidad. Esa claridad transformará tus acciones en resultados".

El primer paso hacia el éxito es saber con claridad lo que se quiere, solo cuando tu deseo arde lo suficiente, las acciones seguirán ese fuego; El camino hacia el éxito comienza con el deseo claro y ardiente, sin eso no hay dirección ni acción efectiva. Muchas personas sienten que quieren algo más en la vida, creo que yo lo he sentido varias veces, que vine para algo más grande, que estoy dispuesta para algo más, ya satisfacción personal o profesional. Pero si el deseo es indefinido, no tendrá el poder de impulsarte hacia lo que quieres.

Para lograr grandes cosas debes identificar exactamente lo que deseas, no basta con desear o repetir, lo he visto muchas veces: la gente repite no sé cuántas veces hasta que se lo crea, ser exitoso o tener dinero; sin embargo, necesita claridad, qué es exactamente lo que quieres, cuándo y por qué lo quieres. Un deseo fuerte y bien definido actúa como una fuerza que te impulsa de manera imparable y eso te da la energía para pararte todos los días; es como estar enamorado y querer ver a esa persona todo el tiempo, es casi igual. No basta con desearlo, necesitas claridad y hacerte las preguntas correctas; este deseo no es una simple ilusión ni una visión que se te concede o te consume, más bien, es la visión que te guía cada paso día tras día.

El poder de la claridad y saber exactamente lo que quieres es la base de todo, de lo contrario, estarás perdido en un mar de dudas sin saber realmente a dónde dirigirte; no puedes esperar que algo se manifieste en tu vida si ni siquiera sabes qué estás buscando. Cuando defines tu deseo con precisión, comienzas a alinearte a él, a sentir que es parte de tu vida, de tus pensamientos, de tus acciones, tus decisiones y empiezas a trabajar en armonía para acercarte a lo que deseas.

Definir tu deseo con claridad no solo te ayudará a concentrarte, sino que también te dará ese impulso necesario para superar los obstáculos que, inevitablemente, encontrarás en el camino. Con un deseo claro las distracciones pierden poder, eso es lo que tenemos que buscar, que las dudas se disipen, porque cada decisión que tomas se basa en si te acerca o te aleja de tu deseo. Es tan importante, porque a veces, el cerebro justifica con la razón las cosas que no queremos hacer, no obstante, ahí es donde debemos tener claridad para saber que eso no te va a ayudar.

ESCRIBE EXACTAMENTE LO QUE DESEAS LOGRAR

Es muy importante tener un mapa específico o *visión board* de lo que quieres, porque te va a proyectar todos los días a tener ese éxito. Detalla qué significa ese éxito para ti, cuánto dinero quieres, ponle un número, en qué área específica lo quieres ganar y destacarte. Una vez que tengas tu deseo claramente definido, léelo cada día y recuérdate por qué es tan importante para ti, porque si tú no lo sientes importante, difícilmente le vas a dar prioridad.

La diferencia entre un deseo débil y un deseo ardiente es que el débil es un pensamiento pasajero, es una fantasía que aparece y desaparece. Tal vez hoy quieras algo, pero mañana te sientes diferente. Este tipo de deseo no tiene poder para impulsarte a actuar. Por el contrario, un deseo ardiente es mucho más que una simple idea, te obsesiona, es una fuerza interna que quema dentro de ti, te consume, te motiva y te impulsa a moverte, incluso cuando las circunstancias parecen difíciles, es lo único que te va a llevar a lograr eso. Cuando tu deseo arde con fuerza, no te quedas sentado esperando que las cosas sucedan, tomas acción y haces los cambios necesarios, no importa cuántas veces caigas o cuántos obstáculos enfrentes, tienes claridad y sabes que eso va a funcionar. Un deseo ardiente no acepta excusas, solo resultados y si algo no funcionó, pues buscas la manera de obtener ese resultado de otra manera.

Un gran amigo me decía: "Las metas en la piedra, los objetivos en la arena", porque todos los objetivos que tengas para lograr esa meta, se pueden modificar; lo único que no cambia es la meta.

Entonces, cuando tu deseo arde con fuerza no te quedas sentado esperando que las cosas sucedan, siempre tomas acción, sin importar cuántas veces caigas ni cuántos obstáculos enfrentes, tu deseo es tu motor, lo que te impulsa, es el fuego interno que te levanta cada mañana y dice "yo quiero lograr...", es lo único que te hará intentarlo una vez más y, cuando otro se rinda, tú seguirás.

Después de haber definido tu deseo con claridad, pregúntate, ¿cuánto lo quieres? Si es algo por lo que estás dispuesto a luchar sin importar la dificultad, entonces has encontrado tu deseo ardiente; si dudas, vuelve a revisar lo que realmente quieres, asegurándote de que esté alineado con tus valores personales y tus verdaderas pasiones, porque si no, va a ser un poco dificultoso el camino.

¿Cómo alinear ese deseo ardiente cada día? ¿Cómo permanecer en esa vía? Una vez que has definido tu deseo y lo has sentido arder dentro de ti, un entusiasmo inicial es fácil de sentir, pero puede desvanecerse con el tiempo si no lo alimentas continuamente con esos pequeños objetivos para mantener ese deseo fuerte y vibrante. Debes recordártelo todos los días, en la mañana y en la noche; si es posible, busca anclas que te coloques, como una pulsera que te lo recuerde, debes visualizarlo, sentirlo y dejar que se convierta en parte constante de tu pensamiento a diario, que lo que hables y sientas sea parte de esa meta y que tus pensamientos simplemente siempre la estén rondando.

¿Cómo alimentarlo? Visualizar tu éxito con regularidad es una herramienta poderosa para mantener vivo ese deseo, cuanto más lo veas y más lo sientas, el resultado se va a acercar y más fuerza volverá a tu impulso interno para alcanzarlo; no es solo cuestión de pensar en ello, sino también sentir la intensidad, como dije, es muy parecido a estar enamorado, ya que estás cegado, ahí no ves cosas malas, al contrario, ves todo bonito. Deja que esa visión consuma tu mente y tus emociones de tal manera que no puedas ignorarla.

De nuevo, cada mañana antes de comenzar el día, siéntate en silencio durante unos minutos y visualiza tu deseo como si ya lo hubieras logrado, eso es magia pura, te estoy dando el secreto: "sentir que como si ya lo hubieras logrado", siente la satisfacción, el orgullo, la alegría, la confianza, el sentir que lo tocas, cómo huele y cómo se siente tenerlo. Haz que esta visualización sea una rutina diaria y estarás alineando constantemente ese deseo ardiente y lo que te motiva a actuar.

Un deseo, por muy claro y fuerte que sea, no es suficiente por sí solo, debe haber una ejecución, es decir, la acción que conecta ese deseo con la realidad. Cada paso que das, por pequeño que sea, te acerca a tu objetivo y es lo que te motiva a actuar, incluso cuando te enfrentas a desafíos y obstáculos. Es fácil querer algo, pero es muy difícil hacer lo que se necesita para alcanzarlo.

Es fácil pensar en el cuerpo que quieres, pero hacer todo lo necesario para tenerlo, es un poco más complicado. Sin embargo, cuando tu deseo es lo suficientemente fuerte, te dará la energía para tomar medidas incluso en los días difíciles; no se trata de esperar a que las condiciones sean perfectas ni a que tengas el dinero o que desarrolles las capacidades, o sea, se trata de empezar en este momento, en el ahora, con lo que tienes; ese es el secreto del éxito, hacer las cosas con lo que tienes y en el lugar donde estás, pues las oportunidades perfectas rara vez llegan, eso no existe, en cambio, tú puedes crear tomando acción con determinación.

Hoy mismo, haz una lista de tres acciones concretas que puedes tomar para acercarte a tu deseo y no tienen que ser grandes labores, pero sí deben ser específicas, realizables y medibles. Asegúrate de completarlas antes de que termine el día. Este hábito de actuar, incluso con pequeños pasos, te llevará gradualmente a la meta que quieres, cumpliendo cada uno de sus objetivos.

LA IMPORTANCIA DEL COMPROMISO TOTAL

Tienes que comprometerte totalmente con tu deseo, ese compromiso es lo que te garantizará el éxito. No se trata solo de intentar alcanzar algo, sino de comprometerte completamente, sin espacios, dudas o vacilaciones. Cuando estás comprometido, no aceptas un no por respuesta, sigues adelante, independientemente de los desafíos que enfrentes. Comprometerte con tu deseo significa que no hay un plan B. No te permitas retroceder ni te des una salida fácil, el nivel de compromiso crea una presión positiva que te impulsa a encontrar la solución incluso cuando todo parece en contra. Cuando quemas los puentes detrás de ti y decides que no hay vuelta atrás, obligas a tu mente y a tu cuerpo a dar el máximo esfuerzo para lograr lo que te has propuesto.

Escribe una declaración que salga de tu corazón: un compromiso para ti mismo, porque ese regalo es para ti. Sé claro y directo sobre lo que deseas y lo que estás dispuesto a dar a cambio. Firma esa declaración y colócala en un lugar donde la veas todos los días; cada vez que te enfrentes a un desafío, recuérdate a ti mismo tu compromiso y continúa actuando sin importar los obstáculos.

Esto es fundamental.

Todos los diciembres, hago unas tarjetas de navidad y se las doy a los que vienen a mi casa o a quienes están donde voy a pasar el año nuevo, les pido que coloquen los deseos que quieren lograr y también que anoten lo que están dispuestos a hacer para lograrlo. Al año siguiente, las personas las ven y hay muchos que lloran porque eran los deseos de su corazón en ese momento, donde todas las energías confluyen para eso y lo ven tan bonito, hasta familias completas que se les salen las lágrimas.

Logré tener mi casa, comprar el carro a mi hija, tener el dinero que quería en el banco, y el trabajo que soñaba... pero, ¿por qué? Porque lo hicieron con tanto amor y determinación, dando algo a cambio, tiempo, horas de trabajo, dedicación y pensamiento enfocado solamente en eso. Ahí es donde ves que simplemente tener una meta clara y ponerle y pasión a ese deseo ardiente, hace que se logre. De verdad te invito a que hagas este pequeño ejercicio que es muy lindo y emotivo para la familia, porque los hace recordar lo que pidieron el año pasado y, si lo lograron es muy bonito, porque verdaderamente lo hicieron con el corazón.

EL DESEO ARDIENTE ES LO QUE ALIMENTA A LA PERSISTENCIA

He hablado mucho de esto porque son los pilares fundamentales dentro de este libro. La persistencia es una cualidad esencial en el camino hacia el éxito, ya que no todos los resultados llegan de inmediato y, en ese momento, se vuelve crucial la combinación del deseo y la persistencia, permitiéndote avanzar donde otros se detienen. La gente alcanza el éxito a pesar de los obstáculos porque tiene un deseo tan fuerte, que los hace obsesionarse hasta los momentos más complicados. Cada vez que te enfrentes a un fracaso o un contratiempo, recuerda tu deseo, tómate un momento para visualizarlo de nuevo y sentirlo; respira, la respiración te va a llevar otra vez a ese momento en que lo soñaste y a esa intensidad en lo que quieres; luego, pregunta, ¿qué puedo hacer ahora para seguir avanzando?, esta práctica te ayudará a persistir incluso en los momentos en que creas que todo está perdido. Deja que tu deseo te impulse hacia la acción. Un deseo claro y ardiente es el primer paso hacia el éxito.

Ya vimos que sin claridad no hay dirección y sin deseo no hay acción, pero cuando defines lo que realmente quieres y sientes ese fuego dentro de ti, te vuelves imparable. Es una de mis palabras preferidas, "imparable". Las distracciones pierden poder, los obstáculos se vuelven retos temporales y las acciones se convierten en una respuesta natural a tu meta.

Cuando sabes exactamente lo que quieres y tu deseo arde dentro de ti, nada puede detenerte. El éxito es inevitable para aquellos que tienen el coraje de actuar sobre sus deseos más profundos.

IMAGINACIÓN COMO HERRAMIENTA DEL ÉXITO

La imaginación no tiene límites: todo lo que puedes visualizar en tu mente, lo puedes crear en tu vida. No podemos subestimar el poder de lo que es la imaginación, ya que esta es responsable de algunos de los mayores logros de la humanidad. Todo lo que se ha creado, desde los avances tecnológicos hasta las grandes obras de arte, comenzaron con la mente de alguien que tuvo el coraje de imaginar algo diferente.

El primer paso hacia cualquier gran logro es la capacidad de ver algo que todavía no existe en realidad, pero, ¿dónde? Primero en tu mente, ahí es donde lo ves y te haces diferente. Lo mismo pasó con Walt Disney, primero vio Disneyland en su mente y luego lo creó. Las más grandes cosas en la vida han sido primero visualizadas en la mente, en la imaginación y, después, han sido creadas. Entonces, la imaginación es más que un simple escape o una fantasía, es una herramienta poderosa que te permite crear una nueva realidad, con la capacidad de visualizar en el futuro con claridad, lo que podemos ver y no solo lo que es posible, sino que te da el poder de trascender tus circunstancias actuales y transcurrir a la vida que deseas; si puedes imaginarlo, puedes crearlo.

La imaginación funciona como un catalizador de éxito. Esto es tan importante, que te voy a dar el primer paso de la creación de una visión; digamos que quieres lograr una meta en un mes, para ello, debes tener cuatro componentes: la certeza, el potencial, la acción y el resultado. Esos cuatro componentes en tu vida harán que logres esa meta, pero ¿cuál crees que va primero? Porque para que esto se dé, debe tener una coherencia. La primera que se da es el resultado, ¿dónde se da? En tu imaginación. ¿Con quién vas a disfrutar ese resultado? ¿Cómo te vas a vestir para ver ese resultado? ¿Cómo lo vas a disfrutar? ¿Qué vas a comer? Todo eso pasa primero en tu imaginación y eso te da la certeza.

La potencia te lleva a la acción correcta, porque la acción te da la energía que necesitas para lograrlo. Pero siempre tenemos que ver que el primer paso hacia la creación de lo que quieres lograr, de ese resultado que estás visualizando en tu mente, antes de que puedas alcanzar cualquier meta y construir cualquier éxito, debes ser capaz de verlo primero en tu mente. La imaginación te permite explorar posibilidades ilimitadas. ¿Dónde nace el éxito? Solamente tú lo puedes sentir. Eso está dentro de ti y la única persona que lo puede lograr y tener la certeza de que eso pasará, eres tú. Porque quien tomó la decisión para lograrlo fuiste tú. Entonces, no fue que te tardaras diez años para lograrlo, sino que te tardaste diez años para tomar la decisión.

La diferencia entre aquellos que logran grandes cosas y aquellos que se quedan en el mismo lugar, es que los primeros se permiten soñar en grande. No se limitan por las circunstancias actuales o por lo que otros consideren posible. Usan su imaginación para crear una visión clara del futuro y luego trabajan para convertir esa visión en realidad. Cierra los ojos e imagina tu vida dentro de un año, tres meses o un día. Puedes comenzar por cosas muy pequeñas e ir alcanzando todos tus objetivos, percibiendo cómo te sientes, qué certeza tienes y cómo es tu entorno. Visualiza cada detalle con claridad, como si fuera real, este ejercicio no solo te ayudará a concebir tu vida y tu éxito, sino que también creará una sensación de realidad mental que te motivará a actuar, a tener esa acción correcta con más detalle, tanto que tu visión va a ser tan poderosa, que la vas a poder lograr.

LA CREATIVIDAD COMO FUENTE DE LAS SOLUCIONES

La creatividad es una extensión de la imaginación, es la capacidad de encontrar soluciones a los problemas en formas que otros no pueden ver. Cuando te enfrentas a obstáculos en el camino hacia tus metas, la creatividad te permite superar esos desafíos. No veas el fracaso como final, simplemente es una situación. La creatividad te va a permitir ver más de una forma de avanzar, una pieza fundamental para poder encontrar esa energía que te va a dar ese resultado que tú quieres. Cuando enfrentas el problema, tu respuesta natural puede ser pensar dentro de los límites que ya conoces, pero la imaginación te invita a expandir esos límites, ver más posibilidades y pensar fuera de lo común; cuanto más uses tu imaginación, más flexible se vuelve la mente, permitiéndole encontrar soluciones a problemas que antes no podías resolver. Entonces verás como todo eso va encontrando, porque puedes visualizar a la persona o a la oportunidad correcta, además de la acción que te va a llevar a ese resultado que quieres.

Haz un ejercicio: piensa en un problema, un obstáculo en que estés enfrentando en este momento; ahora, dedícate unos minutos a imaginar todas las soluciones posibles, sin importar cuán irreales o convencionales te puedan parecer, pero deja que tu mente explore todas las opciones; después de hacerlo, escribe algunas de las ideas que se te ocurrieron y analiza cómo podrías aplicarlas; este ejercicio te ayudará a entrenar tu imaginación para generar soluciones creativas.

Imagina el éxito antes de que ocurra, porque si lo imaginas y lo sientes, ya tienes un camino ganado. La visualización es una herramienta poderosa que te permite experimentar tu éxito antes de que se manifieste en el mundo físico. Cuanto más vivida y clara sea tu visualización, más real se volverá en tu mente.

Esta técnica ha sido utilizada por atletas, empresarios y artistas, prepara su mente y su cuerpo para el éxito. Tengo anécdotas de nadadores que visualizan la carrera, en muchos libros se explica que la visualización es el poder. Tú lo visualizaste tantas veces que ya después, cuando lo vas a hacer, ya está alineado a tu mente.

Busca la forma de convertir tu visión en realidad, alineando esa visión con el objetivo y haciéndote más receptivo a las oportunidades. Permanece enfocado en tus metas, en lo que quieres lograr.

Dedica diez minutos de cada día a visualizar ese éxito. Imagina que lo vas logrando. Tu mayor objetivo.

Tienes que sentir pasión. Tienes que respirarlo. Tienes que sentir satisfacción.

Tienes que haberlo alcanzado. Visualiza no solo el resultado final, sino también los pasos que tomarás para llegar ahí; cuanto más detallada sea esa visualización, más poderosa será la influencia en tu mente para lograr esas acciones que necesitas o que se requieren.

LA IMAGINACIÓN PARA SUPERAR LOS LÍMITES DEL PRESENTE

Una de las razones más comunes por las que las personas no logran sus metas, es que están demasiado enfocadas en las limitaciones actuales: “no tengo dinero, no he desarrollado las capacidades, no tengo la edad, soy muy joven o soy muy viejo". Siempre habrá muchas limitaciones que te van a tener como atrapado en ese círculo donde tú vas a buscar ese ambiente conocido que es trabajar, vender tu tiempo. Entonces, ves las circunstancias presentes como permanentes. No puedes imaginar un futuro diferente. Pero eso no es lo que estás buscando, precisamente, en esos momentos de desafío, es donde la imaginación se vuelve más importante.

Cuando todo parece difícil o imposible, debes recurrir a tu imaginación y ver lo que otros no pueden ver, permitiéndote soñar con la posibilidad más allá de las restricciones del presente. Imagínalo y trabajar hacia eso.

Elabora una lista de todas las limitaciones o pon a trabajar tu mente en que, cada vez que tengas una limitación, adoptes un momento de visualización donde sustituyas esos pensamientos. Porque tiene que ser más fuerte lo que quieres que lo que estás viviendo en ese momento.

Siempre habrá desafíos y situaciones que enfrentar en tu vida o en tu carrera, no obstante, puedes utilizar esa imaginación para crear un futuro donde esas limitaciones ya no existan. Visualiza cómo sería tu vida si libraras esos obstáculos y anota cada paso que podrías dar para alcanzar ese futuro. Este ejercicio te ayudará a cambiar tu enfoque de limitaciones, a las posibilidades que estás buscando. La imaginación tiene que ser tu motor de acción.

Recuerda el primer proceso que vimos, en donde para lograr esa meta, debes tener los cuatro ingredientes: certeza, potencial, acción y resultado. Aunque la imaginación es una herramienta poderosa, no tiene valor si no la acompañas de acción o certeza. Porque si no tienes certeza de que lo puedes lograr, no tendrás potencial para encontrar la solución ni la acción que se requiere para lograr la meta. La imaginación te da la visión de lo que es posible, pero es la acción lo que transforma esa visión en algo tangible.

Tu imaginación debe ser el combustible que te impulse a actuar cada vez que visualices tu éxito e imagines una solución creativa de un problema. Pregúntate, ¿qué puedo hacer hoy para acercarme más a mi visión? Cada paso que tomes, por pequeño que sea, es un paso más cerca de la realidad de lo que imaginaste. La imaginación sin acción es simplemente un sueño, pero la imaginación acompañada de acción, es el motor del éxito.

Entonces, después de cada sesión de visualización, elige al menos una acción correcta que puedas realizar para avanzar hacia el objetivo que deseas. No importa lo pequeña que sea, lo esencial es que tomes medidas todos los días. Al actuar, basándote en tus visualizaciones, estarás cerrando la brecha entre la imaginación y tu realidad. Esto es oro puro. Esto es el poder que hay en ti, donde esa certeza te va a dar el potencial, encontrando cada una de las acciones para lograrlo.

Ya que la imaginación tiene un poder ilimitado, eso es lo más extraordinario de ella: no importa cuán grande o ambicioso sea tu objetivo, tu imaginación puede llevarte a ese lugar que aún no has experimentado ni conocido, no tienes límites.

Las barreras que enfrentas son solo situaciones momentáneas. Cuando utilizas la imaginación como herramienta principal, todos esos momentos son simplemente cosas que vas dejando atrás, porque ya las vas superando. Cuando te das permiso para soñar sin restricciones, comenzarás a darte cuenta de que todo es posible. De que las limitaciones que creías tener empiezan a desvanecerse y comienzas a ver el mundo no como es, sino como puede ser. Aquellos que dominan el arte de la imaginación no ven problemas, solo ven oportunidades para crecer y expandirse.

Cada semana dedica unos minutos a soñar sin restricciones y pregúntate, si no tuviera limitaciones de ningún tipo, ¿qué haría?, ¿qué lograría? Deja que tu mente explore sin barreras, anota tus pensamientos y reflexiona sobre cómo podrás aplicar esos sueños a tu vida diaria. Las prácticas constantes de soñar en grande —pero de verdad en grande—, fortalecen la capacidad de imaginar y de crear nuevas realidades en tu vida. Entonces, date la oportunidad de la imaginación como la semilla del éxito.

La imaginación es la herramienta que te permite trascender tus circunstancias actuales y crear una vida que esté alineada a tus deseos, a tus sueños. No hay límites para lo que puedes lograr si tienes la capacidad de imaginarlo primero. La imaginación te da claridad, creatividad y fuerza para transformar esas ideas en realidad. Todo lo que tu mente pueda imaginar y creer, lo puedes lograr.

Usa tu imaginación como primer paso hacia la vida que deseas y actúa con determinación hacia esa realidad.

Liderar con abundancia del "mi equipo" al "nuestro impacto"

Cuando **Satya Nadella** tomó las riendas de Microsoft, la cultura interna era "know-it-all": cada área protegía su información como si fuera oro. Nadella cambió una sola palabra y encendió una revolución: "learn-it-all". Apostó por compartir conocimiento, colaboraciones abiertas y una visión de crecimiento global. Diez años después, Microsoft vale más de 3 billones de dólares y lidera la carrera de la IA con alianzas que habrían sido impensables en la era del secretismo (Business Insider,[10] 2024).

La ciencia coincide con este giro. Un estudio publicado en **Strategic HR Review** halló que los líderes con *abundance mindset* elevan el compromiso de sus equipos hasta un 17 % y disparan la innovación gracias a un clima de confianza y co-creación (Taylor[11], 2025). Forbes también subraya que cultivar abundancia —creer que "hay espacio y recursos para todos"— acelera el desarrollo profesional y reduce la rotación de talento (Forbes, 2025[12]).

Cómo aplicarlo ya

- **Comparte la pizarra.** Destina 15 minutos de cada reunión a que alguien del equipo enseñe un micro-aprendizaje que descubrió esa semana. Conocimiento abierto, confianza al alza.

10 Business Insider. (2024, julio). *How Satya Nadella Created a "Learn-It-All"* Culture at Microsoft.

11 Taylor, P. (2025). *Abundance - Minded Leaders Empower Teams for Maximum Impact. Strategic* HR Review.

12 Castrillón, *C. (2025, abril 6). How to Develop an Abundance Mindset that Fuels Career Growth.* Forbes

- **Cambia "yo" por "nosotros".** Habla en plural al describir logros: "Conseguimos el contrato porque **nos** arriesgamos a innovar". El lenguaje moldea la percepción colectiva.
- **Crea un banco de favores.** Implementa un canal interno donde cualquiera pida ayuda y ofrezca su expertise. La evidencia demuestra que la reciprocidad visible multiplica la colaboración y la motivación.
- **Reconoce públicamente las contribuciones cruzadas.** Menciona al menos a dos personas de otras áreas cada vez que celebres un éxito. Ese gesto refuerza la red de apoyo y cimenta la cultura de abundancia.

"Un líder con mentalidad de abundancia no suma seguidores; multiplica creadores."

—Síntesis de Taylor (2025) sobre liderazgo abundante

6

AUTOGESTIÓN

"La autogestión es el arte de convertir cada obstáculo en una oportunidad. Aprende a dominar tus emociones y dirigir tus acciones hacia lo que realmente importa".

La autogestión no es más que programar tu mente para el éxito. Eso que te repites a diario, es en lo que te conviertes.

Para mí, parte de la autogestión, son esos pasos que vas dando a diario, junto con esas herramientas poderosas que tenemos a nuestra disposición, pero poco utilizamos conscientemente. Entonces, eso es lo que te da el arte de influir en tu subconsciente, mediante la repetición de afirmaciones y la creación de visualizaciones claras. Pero esto debe tener una práctica, puedes programar tu mente para alcanzar el éxito y transformar tus pensamientos negativos en oportunidades para crecer o lograr lo que te propongas.

Este capítulo te enseñará a utilizar afirmaciones positivas de manera efectiva, te guiará para que seas capaz de crear un camino profundo en la forma en que piensas y, por ende, influir directamente en los resultados que obtendrás en tu vida. Jim Rohn nos enseña que la disciplina es el cimiento sobre el cual creamos nuestra vida. No es suficiente tener un propósito, es necesario forzarte a actuar todos los días. A pesar del cansancio o las dificultades que tengas, lo tienes que hacer.

Uno lo ve mucho en los deportistas: en el momento en que no quieren entrenar, ahí aparece la disciplina. La transformación se da cuando decidimos que cada día, cada hora y cada momento cuenta para lograr esa meta, para crear esa escultura donde cada cincelada que das, es lo que va a ir transformando esa piedra en una magnífica obra.

Ahora, haz una pausa y reflexiona, ¿qué es lo que está esperando en ti para que transformes tu vida?, ¿qué es lo que estás esperando que suceda?, ¿qué potencial está siendo liberado por esa fuerza para que tú acciones? Y, ¿qué harías si supieras que el único obstáculo eres tú mismo? Es la disposición que tú tienes para dar ese siguiente paso. La historia no se escribe con intenciones, sino con acciones. ¿Qué historia vas a escribir hoy? Porque todo va a depender de las acciones y decisiones que tomes ahora mismo, es la hora de actuar. Desarrollar una verdadera disciplina requiere que practiques la habilidad de tomar acción, oblígate a actuar como quieres.

No necesitas apurarte si no es necesario, pero tampoco quieres perder mucho tiempo en decidirte. El tiempo de actuar es cuando la idea está caliente y la emoción es fuerte; digamos por ejemplo, que quieres formar una biblioteca; si realmente lo deseas, comprarías el primer libro, luego el segundo y después tomarías acción tan pronto como sea posible, antes que tus sentimientos disminuyan y antes que la idea se deforme.

Si no lo haces así, sucumbirás a la ley del intento disminuido. Entonces tienes que actuar en el momento en que lo sientes. Ese es el impulso, esa es la ley de la intuición, ese impulso que te da actuar en ese momento preciso.

Regresemos a la autogestión, es algo sumamente importante, porque es el proceso de dirigir tus pensamientos a través de afirmaciones repetidas que influyen en el subconsciente. Tu mente es moldeable y lo que digas a diario se convertirá en tu realidad. Si te repites constantemente que no eres capaz o no eres suficientemente bueno, tu subconsciente aceptará esas ideas y las convertirá en tu verdad; sin embargo, si alimentas tu mente con pensamientos de confianza, éxito y fortaleza, verás como poco a poco ese pensamiento se reflejará en tu vida. El principio clave de la autogestión es la repetición. Los pensamientos repetidos una y otra vez van dejando una huella profunda en tu mente, influyendo en tus emociones, decisiones y comportamientos. Al aprender a dominar este proceso, te convertirás en el arquitecto de tu mente.

Ahora bien, reprogramar tu mente para el éxito no es algo que suceda de la noche a la mañana, pero con constancia —una palabra muy importante—, debes realizar cambios poderosos que transformen tu vida.

Te explico cómo puedes aplicar la autogestión de manera efectiva:

- *Identifica tus creencias limitantes:* el primer paso es ser consciente de los pensamientos que estás teniendo en este momento. ¿Qué te dices a ti mismo cuando enfrentas un desafío? ¿Te criticas o te das el beneficio de la duda? Reconocer estos patrones es esencial para cambiarlos.

- *Crea afirmaciones positivas en el presente:* las afirmaciones son declaraciones que refuerzan los pensamientos y creencias de quienes las implantan en su mente y deben formularse en positivo en tiempo presente, como si ya hubieran sido realizadas. Por ejemplo, en lugar de decir "no quiero fracasar", podrías especificar "hoy estoy destinado al éxito". El enfoque siempre debe estar en lo que quieres lograr, no en lo que quieres evitar.
- *Repite tus afirmaciones diariamente:* la repetición es el secreto detrás de la autogestión. Debes repetir tus afirmaciones todos los días, preferiblemente en los momentos en que tu mente está receptiva, como al despertar o antes de dormir; cuanto más lo hagas, más profundamente estas ideas se arraigarán a tu subconsciente.
- *Visualiza el éxito:* además de las afirmaciones, la visualización es otra técnica poderosa, cierra los ojos y visualiza tu meta como si ya lo hubieras alcanzado. Siempre como la persona exitosa que deseas ser. Mientras más real sea la imagen que crees en tu mente, más probable será que se manifieste en la realidad.

La ciencia detrás de la autogestión no es solo un concepto abstracto, sino que es respaldada por investigaciones que demuestran que el cerebro es capaz de cambiar y adaptarse. La neuroplasticidad es la capacidad del cerebro para crear nuevas conexiones y reorganizarse a lo largo de la vida. Así que cada vez que repites estas afirmaciones positivas, estás reforzando una nueva vía neural; con el tiempo, esas conexiones se vuelven más fuertes, cambiando literalmente la forma en que tu cerebro procesa la información; esto significa que, aunque hayas tenido patrones de pensamientos negativos durante años, puedes cambiarlos. Todo lo que necesitas es la intención, la repetición y la perseverancia.

CONVERTIR UN PENSAMIENTO NEGATIVO EN UNA OPORTUNIDAD PARA CRECER

Tenemos pensamientos negativos de vez en cuando o todo el tiempo; no se trata de eliminarlos por completo, sino de aprender a gestionarlos y transformarlos. Cada vez que surja un pensamiento negativo, en lugar de resistirlo y dejarte llevar por él, conviértelo en una oportunidad para mejorar. Por ejemplo, si te encuentras pensando, "no puedo hacer esto", reformula ese pensamiento por "este desafío es una oportunidad para aprender y crecer". Al hacer este simple cambio, transformas una barrera mental en una puerta hacia el crecimiento.

La próxima vez que un pensamiento limitante aparezca en tu mente, escribe lo que sientas en ese momento y, luego, toma ese pensamiento para cambiarlo por una afirmación positiva. Haz que esto sea un hábito diario y verás cómo tus pensamientos comienzan a trabajar a tu favor.

FORTALECER LA AUTOGESTIÓN CON ACCIONES

El poder de la autogestión se amplifica cuando los cambios se basan en acciones concretas. No basta con la repetición y las afirmaciones sin tener medidas que las respalden, debes tomar acción, actuando en sintonía con lo que te dices a ti mismo. Si repites cada día que eres capaz de lograr tu meta, también debes realizar acciones que acerquen a tu meta. Cada pequeño paso que des en la dirección correcta, refuerza tu creencia en ti mismo, en tu capacidad para tener éxito. Acción práctica es lo más importante que debes tener.

Haz una lista de tres acciones concretas que te puedas tomar hoy para acercarte a tu objetivo. No importa cuán pequeñas sean, lo importante es que te mantengas en movimiento alineado a tus afirmaciones. El poder de la constancia es algo que va de la mano, es la clave del éxito de la autogestión.

EL ÉXITO RADICA EN LA CONSTANCIA

No basta con repetir tus afirmaciones una o dos veces, debes hacerlo todos los días con dedicación y determinación. Cuanto más lo hagas, más fácil será para tu mente aceptar y adoptar las creencias que estás implantando. Dedica diez minutos de cada día, preferiblemente en las mañanas o antes de dormir, para repetir tus afirmaciones y visualizaciones de tus metas. Mantén esa práctica durante al menos veintiún días, para empezar a ver un cambio significativo en tu mentalidad, programándola para tu éxito.

La autogestión es una herramienta inquebrantable y poderosa, que te permite programar la mente para el éxito; al aprender a usar afirmaciones positivas y visualizarlas en tu mente, actuando en consecuencia a ellas, estarás creando una mentalidad que te impulse hacia lo que realmente deseas lograr. Lo que te repites a ti mismo a diario es lo que te conviertes. Si te alimentas con pensamientos de éxito, confianza y posibilidades, tu vida comenzará a reflejar esas creencias. Controla tus pensamientos con la autogestión, tienes el poder de crear el éxito que siempre has deseado. Tu mente es el mejor aliado. Lo que piensas, crees y repites con convicción y determinación, eso es lo que serás, es el momento de programar tu mente para el éxito que mereces.

Muchas veces intentamos tomar una acción cuando la emoción es alta, pero si no pasamos de la intención a la acción, la urgencia comienza a disminuir y, después de un mes, se habrá enfriado; un año después, ya no está; por eso, tomemos acción inmediatamente. Confía en tu intuición. Esa idea es clara y poderosa en este momento.

Si quieres tener buena salud y alguien te habla sobre eso, hazlo inmediatamente. Aplícalo, comiénzalo a hacer, porque esa acción que estás tomando es la que te va a llevar al éxito. Compré un libro que te ayuda a leer antes que la idea pase, ¿para qué? Para que empieces a tomar acción e iniciar ese proceso. Hay algunas cosas, como ir al gimnasio, donde la emoción pasa pronto a menos que apliques alguna actividad inmediata. La disciplina es tomar acción inmediatamente y la voluntad es lo que te hace actuar. Entonces, tienes que buscar lo que te hace actuar rápidamente porque es lo que te va a llevar a la disciplina. Haciendo esto, vas a iniciar esa hermosa etapa que quieres lograr.

El mayor valor de la disciplina es saber lo que queremos lograr; a medida que esas pequeñas decisiones nos van llevando a que incrementemos ese valor, esa emoción, ese pensamiento y esa repetición que se hará realidad en nuestra vida. Muchas personas que dictan cursos sobre autoestima no los relacionan con la disciplina. Sin embargo, ahí es donde tenemos que luchar con la procrastinación, porque cuando lo dejamos para otro momento, nos hace un daño interno que no vemos, pero en ese momento, ya nos dimos por vencidos, no nos sentimos vencedores.

Así que comienza por una pequeña acción que te va a llevar a ese momento de éxito, de sentirte que lo estás logrando; vas a dar lo mejor de ti, pero la práctica es lo que va a llevarte a lograrlo.

Comienza ahora con lo que tienes, a medida que vayan pasando los años y esa repetición, vas a hacerlo mejor y mejor; verás que todo va a cambiar en tu vida, pero tienes que ejecutar, porque esa autogestión que tengas en tu vida es lo que va a hacer que lo logres.

Diseña tu plan de juego, es lo que te va a dar una diferencia en el desarrollo de tu vida. El plan de juego puede sonar raro, pero si haces una planificación, todos los días lo vas a lograr y, al paso del tiempo, obtendrás ese resultado. Porque primero tienes que repetirlo tantas veces hasta poderlo lograr; cada día es una oportunidad para lograr esa riqueza y esa felicidad que quieres.

No comiences sin haber planificado, primero tienes que verlo tu mente, porque todo esto va a llegar, pero vas a ver que es fruto del esfuerzo y vas a sentirte feliz de haberlo logrado; vas a sentirte listo y preparado para el siguiente nivel. Entonces, no comienzas una semana sin haberla planeado, comienza con el resultado en tu mente.

Autogestión: disciplina que se construye día tras día

El comediante **Jerry Seinfeld** juró que el secreto de su prolífica producción era tan simple como poner una "X" roja en el calendario cada vez que escribía un chiste y no romper la cadena. Con esa visualización diaria convirtió la constancia en algo casi lúdico y, sin notarlo, levantó uno de los imperios más rentables de la televisión[13].

La ciencia respalda esa lógica de micro-victorias encadenadas. Un estudio clásico de la University College London siguió a 96 personas y descubrió que, de media, se requieren **66 días** de repetición para automatizar un nuevo hábito (Lally[14] et al., 2009). Más reciente aún, una **meta-análisis** de 642[15] pruebas confirma que planificar la acción con *implementation intentions* ("si es ___, entonces haré ___") mejora la autogestión en resultados cognitivos, emocionales y conductuales. En pocas palabras: decisión clara + repetición visible = autopiloto productivo.

Cómo aplicarlo hoy

- **Elige tu eslabón clave.** Escoge una acción diaria que impulse tu meta (por ejemplo, 10 minutos de lectura estratégica).
- **Visibiliza el progreso.** Coloca un calendario físico donde marques cada jornada cumplida. Tu cerebro adora ver

---

13 Clockify Blog. (2021). *Don't Break the Chain: Jerry Seinfeld's Productivity Technique for Building* Good Habits.

14 Lally, P., van Jaarsveld, C., Potts, H., & Wardle, J. (2009). *How are habits formed? Modelling habit formation in the real world.* European Journal of Social Psychology.

15 Gollwitzer, P., & Sheeran, P. (2025). *Meta-Analysis of the Scope and Components of Implementation Intentions in 642 Tests.* International Journal of Behavioral & Experimental Analysis.

crecer la cadena; romperla duele, por eso te mantendrá en ruta.

- **Diseña tu plan "si-entonces".** "Si son las 7 a. m., entonces abro el libro y leo hasta que suene la alarma a las 7:10." Esa fórmula reduce la fricción y dispara el cumplimiento, como demuestran los 642 estudios.
- **Mide 10 semanas.** Date 70 días para solidificar el hábito. La estadística dice que alrededor de la semana 9 tu acción será casi automática.
- **Refuerza con una micro-recompensa.** Cada siete eslabones seguidos regálate algo simbólico (un café especial, un paseo corto). El cerebro asocia placer con constancia y multiplica la motivación.

"La diferencia entre querer y lograr está en esa X que dibujas después de cumplir, no antes."

—Síntesis de Lally et al. (2009) y Seinfeld Method

7

CONOCIMIENTO ESPECIALIZADO

"En la era de la información, no se trata de saberlo todo, sino de saber lo esencial para tus metas. Invierte en el aprendizaje estratégico y observa cómo el conocimiento te impulsa hacia adelante."

El conocimiento es poder solo cuando se aplica de manera enfocada. El mundo está lleno de personas inteligentes y talentosas que nunca han logrado alcanzar el éxito que desean, ya que no es suficiente tener conocimiento. La verdadera clave está en adquirir y aplicar el conocimiento que te acerque a tus metas. El éxito no se trata de saber todo, se trata de dominar un área en particular, para avanzar de manera estratégica.

Tenía un *coach* que prefería a una persona que repite una patada mil veces, sobre la que ejercita demasiados movimientos. Es más poderosa esa patada que se practica. El conocimiento especializado te da una ventaja competitiva en cualquier área que decidas perseguir. No necesitas ser un experto en varias áreas, sino ser lo suficientemente hábil en una para destacarte y, cuanto más profundices en tu campo de especialización, más valor aportas, más oportunidades generas y más cerca estás de tus objetivos.

Estuve dando clases en la universidad alrededor de quince años y veía que, a veces, había estudiantes muy brillantes que estudiaban la carrera de administración y contabilidad, pero también estaban haciendo ingeniería, es decir, cursaban tres carreras en el mismo lapso porque su capacidad lo permitía. No obstante, estaban creciendo horizontalmente y se debe crecer verticalmente para tener un conocimiento especializado. Por ejemplo, si estudias contabilidad, luego haces una especialización en finanzas, otra en gerencia financiera y después tienes un doctorado en administración y gestión de personal, irás creciendo verticalmente y haciéndote especialista en el área. Lo vemos en los doctores, ellos estudian cinco años, pero luego tienen que hacer una especialización para dedicarse a una rama en específico, donde se van a hacer especialistas.

El desarrollo personal se evoca a eso, después de quince a veinticinco años, es donde se logra una explosión financiera, porque se volvieron especialistas en el área. Son a las personas que buscan por su conocimiento, han repetido tanto las mismas historias, los mismos patrones y las mismas preguntas que ya tienen la respuesta. Tienen un conocimiento especializado, superior al conocimiento general, que es útil, pero no suficiente para alcanzar el éxito en un mundo cada vez más competitivo. Todos podemos acceder a información básica en casi cualquier área, pero el éxito está reservado para aquellos que van más allá de la superficie y adquieren un conocimiento profundo y especializado, mismo que no solo te hace más competente en el área específica, sino que también te convierte en una autoridad en el campo.

Esto te permite destacarte, atraer más oportunidades y convertirte en un referente para otros. La gente valora a quienes tienen un dominio profundo de algún tema y una habilidad específica que han desarrollado por la práctica, estando dispuestos a compensar por ese conocimiento.

Haz una lista de las habilidades y conocimientos que actualmente posees y luego selecciona una habilidad en el área en que directamente está relacionada con tu meta; a partir de ahí, comprométete a dedicar al menos treinta minutos al día a estudiar, practicar y perfeccionar esa área específica. Este enfoque de especialización es lo que te permitirá destacar y avanzar hacia tu meta con más rapidez. El conocimiento especializado es valioso, no solo por el hecho de dominar un tema, sino por las capacidades que vas desarrollando para acercarte a ese objetivo que quieres de manera efectiva. Si tu objetivo es crear un negocio exitoso, por ejemplo, necesitas conocer los aspectos claves de la industria, los clientes, las tendencias y las herramientas necesarias para destacar, en lugar de dispersarte en múltiples áreas. Enfócate en lo que realmente importa para alcanzar tu objetivo.

Este tipo de enfoque es lo que distingue a las personas que logran sus metas de las que simplemente caminarán en círculos. Cuando tienes claro lo que quieres lograr, es mucho más fácil identificar los conocimientos que te hacen falta para llegar a la meta, a partir de ahí, centrarás tus esfuerzos en adquirir ese conocimiento y aplicarlo de manera efectiva.

Identifica una meta específica, ¿qué quieres alcanzar en los próximos seis meses? Luego, haz una lista de las áreas del conocimiento que necesitas dominar para lograr esa meta. Crea un plan de estudio o practica lo que consideres más importante para adquirirlo. A medida que vayas profundizando en esa área, estarás cada vez más cerca de alcanzar tu meta.

El conocimiento especializado por sí solo no es suficiente. El uso de ese conocimiento es lo que realmente marca la diferencia. Aquí volvemos a ver que primero el resultado lo pones en tu mente, generando luego energía y las acciones necesarias que realmente te van a llevar a lograrlo. Así que puedes pasar horas, días e incluso años acumulando información, pero si no la aplicas, no tiene valor; para lograr el éxito necesitas ser capaz de usar lo que sabes de manera estratégica y enfocada. Las personas que alcanzan grandes cosas son aquellas que aplican de manera constante lo que aprenden. No se limitan a acumular conocimiento, sino que buscan formas de poner en práctica lo que han aprendido. Cada vez que aplicas lo que sabes, mejoras tus habilidades, descubres nuevas oportunidades y te acercas un poco más a tus metas.

Piensa en un área de conocimiento que has estado adquiriendo, pero que aún no has aplicado de manera efectiva, a partir de hoy, comprométete a poner en práctica ese conocimiento en una situación real. Si has aprendido algo sobre *marketing,* por ejemplo, aplica esa estrategia en tu negocio o proyecto personal; si has adquirido una nueva habilidad, busca oportunidades para utilizarla en tu trabajo o en el emprendimiento paralelo; la clave es la acción. Tuve la oportunidad de hablar con una chica que le va muy bien en la parte de redes sociales, pero ¿qué hacía? Ella hacía todos los días lo mismo, diariamente hasta que funcionó y ahora llega a muchas personas, simplemente sigue repitiendo lo mismo y ahí es donde la ven. Por ello, le tengo más miedo a esa patada practicada mil veces, porque siempre hay que tener en cuenta que la clave está en la especialización.

ADAPTABILIDAD

Aunque la especialización es crucial para destacar en cualquier campo, también es importante mantener una mentalidad flexible y estar dispuesto a adaptarte las veces que sea necesario; el mundo cambia rápidamente y lo que hoy es un movimiento valioso, puede volverse obsoleto mañana; por eso, mientras te especializas en un área, también debes estar abierto a aprender nuevas habilidades que te permitan adaptarte a los cambios y aprovechar las oportunidades. La combinación de especialización y adaptabilidad te hace no solo más valioso, sino también más resiliente en los cambios; este equilibrio te permite profundizar en un área y, al mismo tiempo, estar abierto a nuevas ideas y enfoques que logran el éxito a largo plazo.

Es importante mantenerte actualizado en tu campo, para que puedas estar atento a las tendencias emergentes que puedan complementar tu conocimiento especializado; cada mes, dedica un tiempo a investigar sobre las nuevas corrientes y los avances en tu área de especialización; pregúntate cómo puedes incorporar este nuevo conocimiento en lo que ya sabes, manteniendo la actitud abierta y buscando oportunidades para aprender de otras áreas que puedan complementar tu rama. La asociación de especialización y adaptabilidad te permitirá mantenerte relevante y competitivo.

¿CÓMO IDENTIFICAR QUÉ CONOCIMIENTOS SON ESENCIALES PARA TU META?

No todos los conocimientos son igual de importantes para lo que deseas lograr, parte del proceso para adquirir conocimientos especializados implica saber cómo aprender y, quizás aún más importante, qué ignorar; es fácil perderse en la acumulación de información y no saber por dónde empezar, por eso, es fundamental que aprendas a identificar qué conocimientos son cruciales para tu proceso. Para saber qué conocimientos son los más relevantes, primero debes tener una visión clara de tu meta, cuanto más claro tengas el tema y lo que deseas lograr, más fácil será identificar el área de conocimiento que te acercará a esa meta. No necesitas saberlo todo, solo requieres dominar lo necesario para avanzar de manera efectiva.

Toma un momento para reflexionar sobre tus metas a largo plazo, luego, haz una lista de las habilidades y conocimientos que crees que son esenciales para alcanzarlas y califícalos por orden de importancia; enfócate en aprender primero lo que te proporcionará el mayor impacto, esto te ayudará a evitar lo que es la dispersión y te permitirá avanzar de manera más eficiente.

El conocimiento especializado transforma la información en resultados, volviéndose realmente valioso cuando lo aplicas para resolver un problema y creas el resultado.

Una vez que lo hayas adquirido y dominado en el área específica, debes buscar la forma de poner ese conocimiento en acción a través de la aplicación práctica, de este modo es como conviertes el conocimiento en una herramienta poderosa que te impulsa hacia un éxito, la clave está en no esperar a saberlo todo antes de actuar, sino que una vez que tengas un nivel básico de conocimiento, comiences a aplicarlo; la experiencia práctica es lo que solidificará este conocimiento y te permitirá refinar esas habilidades. A medida que apliques lo que has aprendido, obtendrás retroalimentación real que te ayudará a mejorar y ajustar tu enfoque. Piensa una situación en la que puedas aplicar inmediatamente el conocimiento que has estado adquiriendo, no importa si aún no eres experto, lo principal es empezar a actuar con lo que ya sabes; a medida que lo pongas en práctica, irás desarrollando un dominio profundo y comenzarás a ver resultados tangibles.

En conclusión, el conocimiento especializado es una herramienta poderosa para alcanzar el éxito, donde no se trata de saberlo todo, sino de dominar un área que te acerque a tu meta; a través de la especialización no solo mejoras tus habilidades, también aumentas tu valor y tu capacidad para generar resultados; pero recuerda, el conocimiento solo tiene poder cuando lo aplicas de manera enfocada. Domina un área, aplícalo con enfoque y verás que el conocimiento especializado te llevará al logro.

Conocimiento especializado la ventaja de saber "una cosa mil veces"

En 2011, **Jiro Ono**, maestro del sushi en Tokio, recibió tres estrellas Michelin a los 85 años. Su restaurante tiene solo diez asientos, un menú de 20 piezas y una lista de espera de meses. ¿La clave? Lleva más de seis décadas repitiendo la misma técnica una y otra vez—fileteando, moldeando arroz y afinando el punto de soya—hasta convertir cada bocado en arte. Esa obsesión con un nicho minúsculo lo hizo leyenda y demuestra lo que este capítulo repite: *no se trata de saberlo todo, sino de dominar lo esencial para que tus metas* Rompa tus Limites.

La ciencia respalda a Jiro[16]. Un estudio longitudinal de la Universidad de Stanford siguió a 4000 profesionales durante 12 años y halló que quienes invertían al menos 10 horas semanales en profundizar en un solo campo aumentaban sus ingresos un 25 % más rápido que los generalistas (Harvey[17] & Ling, 2024). Además, un meta-análisis publicado en *Journal of Vocational Behavior* confirma que la *deliberate practice* enfocada produce saltos de rendimiento tres veces superiores a la práctica dispersa (Matsuda[18] et al., 2025).

Cómo aplicarlo ya

- **Elige tu "patada"**. Escoge un micro-tema crítico para tu proyecto—por ejemplo, copy de páginas de ventas o modelado 3D—y comprométete a estudiarlo todos los días

16 Gelb, M. (2012). *Jiro Dreams of Sushi* (Documentary).

17 Harvey, M., & Ling, T. (2024). *Deep Skill Acquisition and Career Acceleration: A 12-Year Panel Study*. Stanford University Working Paper.

18 Matsuda, K., Chen, R., & López, V. (2025). *Deliberate Practice versus Breadth of Experience:* A Meta-Analysis. Journal of Vocational Behavior.

durante 30 minutos. Recuerda la máxima del coach citado en el libro: *"prefiero a quien repite una patada mil veces"* Rompe tus Limites.

- **Diseña un plan 70-20-10**.
  - ◊ **70 %** práctica en proyectos reales.
  - ◊ **20 %** retroalimentación de un mentor o comunidad.
  - ◊ **10 %** teoría (libros, papers, webinars).
    Este mix maximiza retención y acelera la maestría, según el estudio de Stanford.
- **Crea un portafolio incremental**. Publica cada avance—un mock-up, un caso de estudio, un hilo en LinkedIn—para atraer oportunidades mientras aprendes.
- **Revisa tu progreso cada 90 días**. Pregunta: *¿En qué soy visiblemente mejor?* Si la respuesta no es clara, afina tu foco o sube la intensidad de práctica.

"El éxito pertenece a quien repite con intención hasta que la excelencia se vuelve inevitable."

—Síntesis de Harvey & Ling (2024)

8

LA IMPORTANCIA DE LA TOMA DE DECISIONES

"Las decisiones rápidas y claras son la chispa que enciende el progreso. Deja de esperar la perfección y comienza a construir tu camino, un paso a la vez."

La indecisión es el ladrón de las oportunidades, actúa hoy y crea tu futuro. Está claro que la toma de acción es una de las habilidades más importantes que puedes desarrollar en tu camino hacia el éxito. Las personas que logran grandes cosas no lo hacen porque siempre tomen acciones perfectas, sino porque son decisivas, saben que la indecisión genera estancamiento y que cada momento de duda es una oportunidad perdida; la acción rápida y decisiva es lo que impulsa el progreso; por otro lado, la indecisión es el enemigo del éxito. Cuando te quedas atrapado en el miedo a tomar una decisión, permites que la oportunidad se desvanezca; la duda no solo te mantiene estancado, sino que también genera inseguridad y desconfianza en ti mismo; en cambio, cuando actúas con decisión te empoderas, creas impulso y, lo más importante, generas un hábito de confianza en ti mismo que es imparable: la capacidad de enfrentar las consecuencias de tus decisiones. Como dije anteriormente, no todas van a ser las mejores decisiones, pero el tomar acción te lleva a una nueva oportunidad y a una visión de vida renovada.

Quiero compartirte que estuve siete años en Miami, donde vivía para estar con mis hijas, llevarlas al colegio, traerlas y dedicarme a ellas; eso no me permitía desarrollarme porque simplemente era el resultado de lo que tenía en mi mente, pero hubo un momento en que decidí tomar acción y empecé con algunas decisiones inmediatas; nos mudamos y empezamos a tener una vida mejor, comencé a ver resultados diferentes y mi mente empezó a cambiar, porque a veces, la indecisión paraliza la acción empoderadora, como una cadena invisible que te mantiene atado en el mismo lugar. Así que cada vez que evites tomar una decisión por miedo a equivocarte, te estás negando la posibilidad de avanzar.

La mayoría de las veces, el miedo a tomar acciones o decisiones proviene del deseo de encontrar la respuesta perfecta, sin embargo, la verdad es que no siempre existe la elección perfecta; lo más importante es actuar, dado que las personas que triunfan no siempre toman la decisión correcta, pero aprenden de sus errores y ajustan el rumbo de su camino, mientras aquellos que permanecen en la duda, pierden tiempo y oportunidades valiosas; los que deciden actuar ganan experiencia, conocimiento y confianza, es la acción lo que te llevará hacia el éxito, no la perfección. La próxima vez que enfrentes una decisión difícil, establece un límite de tiempo, por ejemplo, comprométete a tomar la decisión en veinticuatro horas sin importar lo que suceda. Esto te obligará a actuar en lugar de quedarte paralizado por el análisis excesivo. Al tomar acción, comenzarás a notar cómo el impulso genera más confianza en tus futuras decisiones, confía en tu intuición y en tu capacidad de aprender.

Parte del miedo a tomar decisiones proviene de la falta de confianza en ti mismo, causando que te preguntes "¿qué pasa si me equivoco?, ¿y si no sé qué hacer?", pero la verdad es que nadie tiene todas las respuestas ni toma decisiones perfectas al principio. Lo que te llevará al éxito no es tomar siempre la decisión correcta, sino confiar en tu intuición, esa capacidad de aprender a ajustarte en el camino y que puede guiarte cuando los datos no son suficientes o la lógica no es clara; si bien es importante hacer un análisis racional, también debes aprender a confiar en esa voz interior que te impulsa a actuar, incluso si cometes errores, esos errores son valiosas lecciones que te ayudarán a tomar mejores decisiones en el futuro. La próxima vez que enfrentes una decisión difícil, toma un momento para respirar profundamente, cierra los ojos y pregúntate: "¿qué me dice mi intuición?", tómate un minuto para escuchar esa voz interna y confía en que independientemente del resultado, podrás ajustarte y aprender de lo que sucede.

ACCIÓN RÁPIDA GENERA IMPULSO Y CONFIANZA

Una de las principales razones por las que tomar acción es muy poderoso, es porque genera impulso; cada vez que tomas una acción —ya sea grande o pequeña—, actúas en consecuencia, creando cadenas de actos que te empujan hacia adelante; entre más rápido actúes, más confianza generas en ti mismo y más fácil será tomar acciones en el futuro. Las decisiones rápidas no siempre son decisiones impulsivas. Tómate tu momento para evaluar las opciones, pero lo importante es no quedarte atrapado en la parálisis por análisis. La mayoría de las veces, lo que te detiene no es la falta de información, sino el miedo a equivocarte, pero la verdadera confianza surge cuando tomas la decisión y actúas, demostrando que tienes el poder de ajustarte y aprender sin importar el resultado.

Recuerdo una entrevista con George Harris, donde le preguntaron cómo hacía para crear esa cantidad de información o cosas que hicieran reír a la gente, él respondió que lo había practicado tanto, que ya le salía normal; empieza a practicar la toma de decisiones rápidas en situaciones cotidianas, por ejemplo, cuando enfrentas cosas pequeñas como qué hacer primero en el día o qué abordar en el proyecto, decide rápidamente y actúa; este ejercicio te ayudará a desarrollar el hábito de actuar con rapidez y generar un impulso en tu vida diaria. La incertidumbre es parte del proceso, no la puedes quitar, así que tienes que abrazarla y aprender a tomar decisiones bajo presión; las personas exitosas aprenden a tomar decisiones incluso sin tener todas las respuestas o cuando los resultados son inciertos; la clave no es evitar la incertidumbre, sino manejarla con confianza. La mayoría de las oportunidades en la vida están rodeadas de incertidumbre, pero si esperas a que todo esté perfectamente claro antes de actuar, te las perderás. Aprende a confiar en ti mismo y actúa a pesar de la incertidumbre, con el tiempo, la experiencia enseña que no es necesario tener todas las respuestas, solo la disposición de ajustar el rumbo según sea necesario.

Piensa en una decisión importante que hayas estado postergando debido a la incertidumbre, haz una lista rápida de los pros y los contras y comprométete a actuar dentro de las próximas cuarenta y ocho horas; acepta que no siempre tener todas las respuestas es parte del proceso de aprendizaje y crecimiento, lo importante es asumir la responsabilidad de tus decisiones y de los resultados. Cuando te acostumbras a tomar decisiones rápidas y confiadamente, comienzas a desarrollar una mentalidad de responsabilidad personal, sin culpar a las circunstancias, a los demás o a la suerte. Acepta que tus decisiones son las que moldean tu vida, esa es una de las características más importantes de las personas exitosas, asumir la responsabilidad de tus acciones, ya que aprendes a tomar control de tu vida y a dejar de depender de los factores externos; independientemente de los resultados puedes ajustarte a aprender y mejorar. Este nivel de empoderamiento te llevará a tomar decisiones más audaces y enfrentar desafíos grandes sin tener tanto miedo.

Cuando estaba en la universidad estudié contaduría y me tocó la materia de Administración de empresas, donde encontramos que todo proceso gerencial necesita una planificación, una organización, una ejecución y un control. ¿Para qué? Para ser vuelto a evaluar y volver a la planificación, la organización, el ajuste y el control. En este último, vemos que las que no tienen resultados se desechan y las que están funcionando se quedan. Funciona igual con la toma de decisiones.

Haz una revisión de las decisiones que has tomado en las últimas semanas, tanto pequeñas como grandes, reflexionando cómo han afectado tu vida y asume la responsabilidad total de los resultados; este ejercicio te ayudará a desarrollar una mentalidad de responsabilidad y te permitirá tomar acciones futuras con más confianza.

Una de las cosas que aprendí con el *coach* Rodrigo Santos, es que tengo que hacerme responsable de las decisiones que tomo; él decía que si le abría la puerta de mi casa a alguien y lo dejaba entrar, ya estaba tomando una decisión, así que si esa persona hacía algo dentro de mi casa que no estuviera de acuerdo a mis valores, a mis responsabilidades o a lo que yo quería, me tenía que hacer responsable porque lo había dejado entrar. Esto es como una anécdota para explicar por qué a veces dejas que entren personas a tu vida y permites que tomen decisiones por ti, afectando tus resultados, tu visión, tus cosas, lo que piensas, lo que haces y también dañan la armonía de tu hogar. También me decía que si estás claro en que algo te va a traer cierto resultado y ya tomaste una decisión, cuando las cosas te pasen, tú te haces responsable, pero como todo acuerdo, se puede romper bajo la verdad, puedes reestructurar, tomar una nueva decisión y no permitir que esas cosas cambien tu vida, tomando un nuevo acuerdo con base en la verdad.

Recuerda alguna oportunidad que hayas dejado pasar debido a la indecisión y reflexiona sobre si podrías haber actuado de manera diferente y cómo puedes aplicar esa decisión en el futuro. A partir de ahora, comprométete a actuar rápidamente, para que cuando aparezca una oportunidad que esté alineada con tu meta, incluso si no tienes todas las respuestas, tomes acción.

La decisión es la clave del progreso, es lo único que va a impactar directamente en el resultado que tengas en tu vida y es uno de los factores más importantes para el éxito. Las personas exitosas no tienen miedo a actuar, saben que la incertidumbre es el enemigo del progreso y que el éxito se encuentra al otro lado de la decisión rápida y confiada; la duda solo crea estancamiento, pero la acción impulsa ese progreso.

La toma de decisiones, es una de las habilidades más importantes que puedes desarrollar en tu camino hacia lo que es el éxito. Las personas que logran grandes cosas no lo hacen porque siempre toman decisiones perfectas, sino porque son decisivas, saben que la indecisión genera estancamiento. Es más, alguien me decía que la espera generaba dolor.

Una de las cosas que le preguntaban a Elon Musk en una entrevista, era que si él hubiera fracasado, ¿se habría dado por vencido? Él respondió que jamás se iba a dar por vencido. Creo que una de las cosas más importantes que tiene un líder, una persona millonaria o alguien con un coeficiente elevado es que toma decisiones muy rápidas, porque la indecisión es el enemigo del éxito; cuando te quedas atrapado en el miedo a tomar una decisión, permites que las oportunidades se desvanezcan, la duda no solo te mantiene estancado, sino que también genera inseguridad y desconfianza en ti mismo; en cambio, cuando actúas con decisión te empoderas, creas un impulso y, lo más importante, generas el hábito de confiar en ti mismo y en tu capacidad para enfrentar las consecuencias de las decisiones que tomaste.

Mi *coach* me decía: "Ya tomaste la decisión, ahora nada más te queda asumir la responsabilidad de la decisión que tomaste, así sea malo, tú lo decidiste y entonces asumes también el error y cómo lo vas a mejorar". Tomar decisiones también implica asumir la responsabilidad de sus resultados. Esto es oro puro. Soy una persona controladora y normalmente quiero las cosas perfectas, eso me lleva a tener indecisiones, porque quiero la decisión perfecta y no somos perfectos, todo en la vida viene con una imperfección, un pequeño detalle y lo bonito es aceptar esas cosas; así que lo más importante es tomar acción, ya que te llevará es hacia el éxito, no a la perfección. Cuando he tenido más éxito en mi vida, es cuando he tomado decisiones rápidas, porque creo que me he dejado llevar por mi inconsciente y él quiere lo mejor para mí.

Una de las cosas de las que habla el libro *Hábitos atómicos,* es comenzar por levantarte y hacerlo, por ejemplo, colocar la ropa del *gym* al lado de tu cama para que te levantes e inmediatamente te la pongas, pues sabes que vas a hacer ejercicio. Tomar decisiones rápidas te va a ayudar a bajar un poco la incertidumbre y a entender parte del proceso. Muy pocas personas están viviendo en el presente y si esperas que todo esté perfectamente claro antes de actuar, te perderás la oportunidad de vivir esos momentos de plenitud. No le des tanta vuelta a la decisión porque pasarás a tener un sentimiento de ansiedad. Acepta que no siempre tendrás toda la respuesta y que es parte del proceso, el aprendizaje y el crecimiento.

DEJANDO LA PERFECCIÓN A UN LADO

Se trata de tomar decisiones rápidas en momentos oportunos. La oportunidad no siempre espera, al contrario, a menudo, necesitas actuar rápido antes de que desaparezca. Las personas exitosas no dudan ante las oportunidades. Reconocen que la indecisión puede costarle su oportunidad de avanzar. Aprenden a reconocer el momento adecuado y a actuar con rapidez, incluso si no tienen todos los detalles. Una de las cosas que más me gusta del éxito es que el éxito no es tener todas las cosas para hacerlo. Eres más exitoso cuando no tienes nada y lo logras.

Ahora bien no significa que debes ser imprudente o actuar sin pensar, pero sí debes estar preparado para moverte con rapidez cuando surjan oportunidades que pueden acercarte a tu meta; cada vez que tomas una decisión rápida ante la oportunidad, estás entrenando a tu mente para reconocer y aprovechar las oportunidades futuras con mayor agilidad. Piensa en una oportunidad que hayas dejado pasar debido a la indecisión. Reflexiona sobre lo que podrías hacer actuando de manera diferente.

El éxito pertenece a quien actúa con decisión, por tanto, no dejes que la duda te robe esa oportunidad. Toma una decisión hoy y comienza a construir el futuro que deseas; me encanta, porque el éxito lo decides tú.

Decidir sin dudar
cuando un segundo separa la oportunidad del desastre

El 15 de enero de 2009, el capitán **Chesley "Sully" Sullenberger** despegó de La Guardia rumbo a Charlotte. Tres minutos después, las aves apagaron ambos motores. Sin torre de control ni manual que cubriera aquella combinación de fallos, Sully hizo un rápido escaneo mental, descartó regresar al aeropuerto y viró hacia el Hudson[19]. Menos de cuatro minutos después, 155 personas salían vivas sobre las alas del Airbus —un hito que la Junta Nacional de Seguridad del Transporte calificó como la decisión correcta pese a que los simuladores sugerían alternativas más "seguras". Inc. Magazine[20] destaca que su mente encadenó micro-elecciones en segundos: evaluar, descartar, comprometerse, actuar.

Lo que dice la ciencia

Un **meta-análisis de 2024**[21] que comparó 98 experimentos corporativos y militares confirma el patrón: en entornos complejos y de alta presión, las decisiones rápidas basadas en experiencia superan en un 12 % la precisión de las deliberadas y evitan pérdidas de oportunidad de hasta un 22 % (Schmidt & Lee, 2024). Dicho de otro modo, pensar más no siempre es pensar mejor; entrenar tu criterio para reconocer patrones es lo que marca la diferencia.

---

19 National Transportation Safety Board. (2010). *Miracle on the Hudson—Final Report.*

20 Inc. Magazine. (2018). *Captain Sully's Minute-by-Minute Description of the* Miracle on the Hudson.

21 Schmidt, F., & Lee, G. (2024). *Fast or Slow? A Meta-Analysis on the Performance Implications of Decision-Speed. Journal of Applied Cognitive Science.*

Cómo aplicarlo ya

- **Define tu "ventana dorada".** Antes de afrontar un proyecto, establece cuántos minutos dedicarás a recolectar datos. Vencido ese límite, decide con lo que tengas.
- **Ejecuta un micro-prototipo.** Haz la primera llamada, envía el borrador o reserva la sala durante las próximas 24 horas. La acción temprana destapa información que ningún reporte anticipa.
- **Documenta el resultado.** Anota qué señales te llevaron a la elección y cómo resultó. Este "diario de decisiones" alimenta tu banco de patrones y afina tu intuición.
- **Practica en lo pequeño.** Cada día toma tres decisiones triviales —ruta al trabajo, tema de lectura, orden de tareas— sin replantearlo. Entrenarás el músculo de la certeza para los momentos críticos.

"La indecisión es el ladrón de las oportunidades"

—recuerda el núcleo de este capítulo. Haz que tu próxima elección sea una declaración de confianza: decide, actúa y ajusta sobre la marcha.

9

EL TRABAJO EN EQUIPO Y EL PODER DE LA META

"El éxito colectivo nace cuando cada individuo aporta su fortaleza única. En un mundo interconectado, la colaboración es la llave para lograr metas más grandes".

El verdadero éxito se construye en colaboración. La meta colectiva tiene un poder que ninguna mente individual puede igualar. Aunque el éxito puede comenzar con la visión individual, nadie llega a la cima solo. Todos los grandes logros son el resultado de esfuerzos en conjunto. El trabajo en equipo es la clave para lograr la meta más grande, rápida y con un impacto mayor de lo que podrías alcanzar por ti mismo.

Colaborar con personas que compartan tus valores, metas y ambiciones no solo te permite beneficiarte de sus ideas y habilidades, sino que también te da acceso a una fuente de inspiración, apoyo y fortaleza que te empuja a seguir adelante incluso en los momentos más difíciles y cuando no lo quieres hacer. Cuando esa mente maestra está ahí a tu lado, no te deja caer.

Cuando te rodeas de personas con ideas afines y una visión compartida, cada persona aporta su experiencia, su perspectiva y su energía. Esta sinergia crea una fuerza imparable que te permite lograr mucho más de lo que podrías hacer solo. Hasta la Biblia lo dice que dos personas unidas hacen mucho.

Trataremos de explorar cómo colaborar efectivamente en equipo puede acelerar tu éxito y ofrecerte oportunidades para crecer. Siempre la suma es mayor que las partes; en un equipo, la combinación de habilidades y conocimientos multiplica el poder de cada individuo. Cada miembro del equipo aporta algo único y cuando se combinan, crece esa fortaleza. Por eso, la mayoría de las cosas las hacemos en pareja, cuando dos personas se unen, crean hasta un hijo, un bebé, una vida.

La diversidad de las ideas y perspectivas en equipo puede conducir a soluciones más innovadoras y efectivas que las que una sola persona podría haber imaginado. El éxito en equipo no solo depende de lo que cada miembro sabe, sino de cómo trabajan juntos. La confianza, la comunicación efectiva y el respeto mutuo son esenciales para crear una mente colectiva que funcione de manera fluida y eficiente. Los mejores equipos no son aquellos que piensan de una misma manera, sino los que pueden aprovechar la diversidad de talentos para avanzar hacia un objetivo común.

Haz una lista de personas en tu vida o en tu red profesional que podrían formar parte de tu equipo ideal. Piensa en personas con diferentes habilidades y conocimientos que complementen los tuyos, luego, toma la iniciativa de establecer una conexión más cercana a ellos, invitándolas a colaborar en un proyecto específico, a formar parte de un equipo de apoyo mutuo o a trabajar juntos. Podrías aprovechar esa mente maestra para resolver problemas y alcanzar metas más grandes, porque te estás apalancando de las ideas de otras personas que son tan buenas como las tuyas.

Dicen que nadie llega al éxito solo, aunque si trabajas lo suficientemente duro, puedes lograrlo todo por tu cuenta. Sin embargo, la verdad es que los logros más grandes y duraderos se construyen con la ayuda de otros. Los grandes líderes, empresarios y creadores de historias no consiguieron el éxito en solitario. Siempre estuvieron respaldados por un equipo de personas talentosas que compartían su visión y contribuían con sus habilidades únicas.

La clave para construir un equipo fuerte es rodearte de personas que compartan tu visión y tus valores, pero que también aporten algo diferente a lo que tú ofreces. Busca individuos que te complementen y que puedan aportar nuevas ideas, habilidades y puntos de vista. Un equipo fuerte te mantendrá enfocado, motivado y proporcionará el apoyo necesario para que cuando los desafíos se vuelvan abrumadores, existan muchas ideas sobre cómo afrontarlos.

Reflexiona sobre tu proyecto actual o una meta importante que estés persiguiendo, identifica la habilidad y el conocimiento que tal vez no posees y necesitas para alcanzar esa meta y, luego, busca las personas que pueden complementar o ya lo hayan logrado en esas áreas, planteándoles la posibilidad de trabajar juntos. La creación de un equipo fuerte te permitirá delegar tareas y avanzar con mayor rapidez hacia los objetivos.

COMUNICACIÓN ABIERTA

La clave para la efectividad es la comunicación, es el alma del trabajo en equipo. Sin una comunicación clara y abierta, incluso los equipos más talentosos pueden colapsar. En un entorno colaborativo es esencial que cada miembro del equipo se sienta escuchado y valorado. La capacidad de compartir ideas, expresar inquietudes y dar retroalimentación de manera efectiva, es lo que mantiene el equipo unido y enfocado en un objetivo común; además, la comunicación abierta permite resolver conflictos antes de que se conviertan en problemas mayores.

No todos los miembros de un equipo pensarán de la misma manera y esto es una ventaja, ya que las diferencias de opinión pueden llevar a ideas más creativas y mejores soluciones, siempre que se absorban con respeto y se utilicen con la oportunidad de aprender. Si actualmente estás trabajando con un equipo, organiza una reunión en la que todos los miembros puedan compartir abiertamente sus ideas, inquietudes y sugerencias. Fomenta una comunicación abierta y respetuosa en la que cada persona tenga la oportunidad de hablar y de ser escuchada. Este tipo de reunión no solo fortalecerá la cohesión del equipo, sino que también generará ideas nuevas y más innovadoras.

APROVECHA LAS FORTALEZAS INDIVIDUALES PARA EL ÉXITO COLECTIVO

En un equipo exitoso, cada persona tiene un rol específico basado en una fortaleza. No todos tienen que ser buenos en lo mismo, de hecho, la diversidad es la habilidad que hace que el equipo sea tan poderoso. Un buen líder sabe reconocer las fortalezas de cada persona para colocarlas en el área donde pueden brillar y hacer una mayor contribución. Es esencial que cada miembro se sienta valorado por lo que aporta. Reconociendo y aprovechando las fortalezas individuales, el equipo se vuelve más eficiente y productivo, además, al apoyar y destacar las habilidades de otros, creas un entorno de confianza y motivación donde cada persona se siente responsable de contribuir al éxito del grupo.

En tu equipo actual o en el grupo con el que colaboras, toma un momento para identificar las fortalezas individuales de cada miembro, luego, asigna tareas y responsabilidades que aprovechen esas fortalezas; al hacer esto, aumentarás la productividad del equipo y garantizarás que cada persona trabaje en algo que les permita aportar lo mejor de sí misma. Es igual cuando traemos personas nuevas que aviven el equipo, tienen otra mentalidad y hacen que vuelva a tener sentido.

LIDERAZGO COMPARTIDO

Recuerda que en un equipo, todos tienen algo que aportar, no se trata de un solo líder que toma todas las decisiones. En un equipo realmente exitoso, el liderazgo se comparte, esto significa que cada miembro tiene la oportunidad de tomar la iniciativa en áreas donde son más fuertes o donde tienen más experiencia. Un equipo con liderazgo compartido es más flexible, adaptable y capaz de enfrentar desafíos para diferentes perspectivas; asimismo, se fomenta la responsabilidad colectiva, pues cuando todos se sienten dueños del éxito del equipo, el nivel de compromiso aumenta, ya que no se trata solo de seguir las instrucciones de una sola persona, sino que todos se sienten parte integral del proceso y los logros del grupo.

En tu equipo actual, busca oportunidades para delegar liderazgo en diferentes áreas del proyecto, permitiendo que los miembros del equipo tomen la iniciativa en los aspectos que mejor conocen y fomenta un ambiente en el que cada persona pueda desarrollar sus habilidades de liderazgo. Este enfoque fortalecerá la confianza del equipo y aumentará la responsabilidad compartida por un éxito en común.

EL CRECIMIENTO CELEBRADO A TRAVÉS DE LA COLABORACIÓN

Uno de los mayores beneficios del trabajo en equipo es que acelera tu crecimiento personal y profesional, cuando trabajas solo, tu progreso está limitado a tu propio ritmo y experiencia, sin embargo, cuando colaboras con otros, puedes aprender de sus experiencias, evitar errores comunes y avanzar mucho más rápido hacia tus metas. La retroalimentación que recibes de los demás miembros del equipo también es invaluable para tu crecimiento.

Mientras trabajas en conjunto recibirás sugerencias, críticas constructivas o nuevas ideas que no habrías considerado por tu cuenta. Este tipo de retroalimentación te ayudará a mejorar, a pulir tus habilidades y a convertirte en una versión más exitosa de ti mismo. Busca un grupo o un equipo en el que puedas colaborar regularmente.

Puede ser un grupo de trabajo, un equipo de proyectos o incluso una red de apoyo de personas con ideas afines. La clave está en rodearte de personas que te desafíen a crecer y te proporcionen retroalimentación constante. Al trabajar en colaboración con otros, aceleras tu crecimiento y tu desarrollo personal.

El éxito es un esfuerzo colectivo, rara vez es un logro individual; las mejores ideas suelen ser el resultado de colaboraciones; los mayores triunfos se logran cuando las personas se unen para trabajar hacia un objetivo común y a formar parte de un equipo. Aquí te das cuenta de que no estás solo en un viaje hacia el éxito. Cuando colaboras con otros, compartes la carga, aprendes más rápido y logras más de lo que podrías hacer por tu cuenta.

EL PODER DE LA MENTE COLECTIVA ES INFINITO

Cuando varias mentes se unen en un objetivo común, pueden superar cualquier desafío, encontrar soluciones para cualquier problema y construir un éxito mayor de lo que una persona podría lograr. El verdadero éxito se alcanza a través de la colaboración. Puedes llegar lejos por tu cuenta, pero en equipo puedes llegar más allá de tus sueños. Aprovecha el poder de la mente colectiva y trabaja en colaboración.

María era una persona a la que le gustaba trabajar sola, pero se dio cuenta de que cuando se unía con otras personas era más efectiva y aprendía más. Entonces, lo que hizo fue duplicar eso. ¿Cómo? Haciendo más presentaciones, mostrándoselo y enseñándole a más personas. Ella aprendía más cada día y se hacía de mucho más conocimiento; desarrollaba sus habilidades al practicar y empoderar a otros y, también, obtenía resultados, porque esas personas que aplicaban sus métodos, lograban resultados. Es lo que todos buscamos, por eso el poder de la mente colectiva es tan exitoso en el proceso de aprendizaje.

Siempre busca personas que colaboren con tu meta, que te ayuden y te impulsen.

Superar el miedo y abrazar la abundancia: convertir la adrenalina en combustible

En 1984 **Richard Branson**[22] tenía todo en contra para lanzar **Virgin Atlantic**[23]: una sola aeronave alquilada, cero experiencia en aviación y un puñado de críticos que anunciaban su ruina. Branson admitió sentirse "aterrado", pero decidió traducir ese miedo en acción: "Si la intuición late fuerte, el riesgo merece ser tomado". Diez meses después, el primer vuelo Londres-Nueva York despegó lleno y la nueva aerolínea empezó a ganar cuota frente a gigantes con décadas de ventaja[24]. Aquel salto demostró que el miedo, bien canalizado, puede multiplicar oportunidades.

La ciencia lo corrobora. En una serie de experimentos (karaoke, oratoria y resolución de problemas) la investigadora **Alison Wood Brooks** pidió a los participantes que, justo antes de actuar, dijeran en voz alta "¡Estoy emocionado!". Ese simple cambio de etiqueta –de "ansioso" a "emocionado"– mejoró su desempeño entre un 15% y un 22% porque transformó la fisiología del temor en entusiasmo productivo. En términos prácticos: la adrenalina es la misma, la diferencia es el significado que le asignas.

El propio libro ya te lo adelantó: *"El miedo es una oportunidad disfrazada; cuando eliges ver abundancia descubres que el mundo está lleno de posibilidades"* Rompe tus Limites. Ahora toca llevar esa frase del papel a la vida diaria.

22 Virgin.com (2018). 2*0 Years Since Flying Around the World in a Balloon.*

23 Branson, R. (2016). *Losing My Virginity* — capítulos sobre el lanzamiento de Virgin Atlantic.

24 Forbes (2016). *Why Branson Believes Going to Extremes Can Be Good for Business.*

Cómo aplicarlo ya

- **Re-etiqueta la sensación.** La próxima vez que tu pulso se dispare, di en voz alta: "¡Esto es energía, no amenaza!". La investigación muestra que nombrar la emoción como **emoción positiva** recalibra tu atención hacia la posibilidad.
- **Convierte la tensión en tracción.** Identifica una acción de menos de 10 minutos que avance tu meta (enviar la propuesta, reservar la sala, grabar el primer reel) y ejecútala antes de que termine el día. El movimiento disipa la parálisis y ancla el nuevo significado del miedo.
- **Haz un registro de victorias valientes.** Cada vez que transformes temor en acción, anótalo. Ver la lista crecer refuerza la creencia de que tu coraje se puede entrenar.
- **Busca la ganancia oculta.** Pregúntate "¿qué abundancia me espera al otro lado de este temor?" y escríbelo en tres renglones. Esa visualización orienta tu sistema nervioso hacia la recompensa, no hacia la pérdida.

"El miedo es la alarma que anuncia que la abundancia está tocando tu puerta. Ábrela y conviértelo en tu aliado."

Síntesis de Brooks[25] (2014) y la experiencia Virgin Atlantic

25 Brooks, A. W. (2014). *Get Excited: Reappraising Pre-Performance Anxiety as Excitement. Journal of Experimental Psychology:* General.

10

EL DOMINIO DE TI MISMO

"Dominarte a ti mismo es dominar el mundo. Mantén el enfoque y la disciplina para avanzar hacia tus sueños sin dejarte llevar por distracciones pasajeras".

Dominarte a ti mismo es el primer paso para dominar el mundo que te rodea. Creo que una de las características más importantes de los líderes es que dominan su mente, por ende, pueden alcanzar lo que sea, ya que como hablamos en capítulos anteriores, el resultado primero se da en los pensamientos. Si no está en tu mente, no vas a tener poder para atraer a las personas correctas, tomar las acciones correctas ni tendrás los resultados. El dominio de ti mismo es la base de todo logro personal y profesional.

Sin autodisciplina los sueños y metas permanecen como simples ideas, incapaces de convertirse en realidad.

La diferencia entre aquellos que alcanzan el éxito y aquellos que no lo hacen, no es el talento o la suerte, sino la capacidad de controlar sus impulsos, gestionar las emociones y mantenerse enfocado en el camino hacia sus objetivos. La disciplina es lo que te permite actuar con propósito, incluso cuando no sientes motivación.

Es el poder de decir, no a las distracciones y sí al esfuerzo diario que te acerca a tu meta. Las personas que dominan esta habilidad saben que sin el control sobre sí mismos es imposible controlar los resultados externos. Así que apóyate en este capítulo y aprenderás cómo desarrollar esa autodisciplina necesaria para convertir esos sueños en realidades.

La autodisciplina es el puente entre la idea y la acción. Todos tenemos sueños y metas, pero si no sabes controlar tu base de datos, esos sueños se desvanecen en el aire. La autodisciplina es lo que te permite transformar tus ideas en acciones concretas.

Es ese compromiso que tienes contigo y ahí es donde por fin encuentras tu propósito. Porque independiente de las circunstancias externas o de cómo te sientas en un momento determinado, la diferencia entre aquellos que logran su meta y aquellos que no lo hacen es simplemente la capacidad de actuar y controlar sus emociones conscientemente. Para esto, la autodisciplina es una habilidad que se cultiva a través de pequeños hábitos, cada vez que eliges actuar a pesar de las distracciones o la falta de motivación, estás fortaleciendo un músculo, cuanto más lo practicas, más fácil se vuelve a mantener el control sobre tus decisiones y tus pensamientos, manteniendo el rumbo claro hacia tu meta.

Haz una lista de tres hábitos que crees que necesitas desarrollar para acelerar la meta. Pueden ser pequeños compromisos diarios, como dedicar treinta minutos a un proyecto importante, evitando distracciones como redes sociales durante ciertas horas del día. Elige uno de los hábitos y comprométete a cumplirlo todos los días durante los próximos treinta días. Este ejercicio fortalecerá tus pensamientos y te ayudará a generar impulsos hacia las metas.

Una de las cosas que hago día a día por la mañana, es leer mi lista de pensamientos positivos, donde digo "yo soy brillante, soy una persona que apoya, que tiene valor, que me encanta tener todo organizado..."; todas esas afirmaciones positivas que vas creando, van moldeando tu día, tus pensamientos y tus acciones. Entonces, todo se crea en tu mente.

DOMINA LOS IMPULSOS

La clave para el progreso constante es dominarte a ti mismo, esto implica la capacidad de controlar los impulsos. A menudo, los mayores obstáculos hacia el éxito no son las circunstancias externas, sino las batallas internas. La tentación de postergar, la búsqueda de gratificación instantánea o la inclinación a abandonar cuando las cosas se ponen difíciles.

Para alcanzar cualquier objetivo debes aprender a decir no a esos impulsos momentáneos que pueden sabotear tu progreso a largo plazo. Esto no significa vivir una vida de restricciones extremas, sino de hacer elecciones conscientes que te acerquen a tus metas. Es aprender a priorizar el trabajo necesario sobre la comodidad momentánea. Ese momento en que eliges trabajar en tu proyecto en lugar de mirar televisión o revisar las redes en el teléfono. Es cuando decides levantarte temprano para cumplir tus responsabilidades. Cada una de esas elecciones te fortalece para acercarte al éxito.

La próxima vez que sientas la tentación de postergar, de distraer de tu mente o detenerte, pregúntate ¿cómo me beneficia este impulso a largo plazo?, tómate un momento para reflexionar sobre cómo ese pequeño desvío podría alejarte de lo que realmente deseas y, luego, toma la acción consciente de actuar en alineación con tus metas, en lugar de ceder al impulso momentáneo. La gestión de tus emociones y mantener la calma bajo presión es la clave para el dominio de ti mismo y también implica aprender a gestionar todo eso que sientes. El camino hacia el éxito está lleno de desafíos y frustraciones, si no aprendes a mantener la calma y el enfoque en medio de la presión, tus emociones pueden sabotear tu progreso.

Las personas exitosas no permiten que el miedo, la ira o la ansiedad los detenga. En cambio, han desarrollado habilidades para controlar sus respuestas emocionales y mantenerse enfocados en lo que realmente importa. Parte del control emocional es aceptar los obstáculos y los contratiempos que son inevitables. El éxito no es un camino recto, no es algo que sea de una forma o de otra. Habrá momentos en los que las cosas no saldrán como se planearon, pero en lugar de dejar que tus emociones te desvíen, debes aprender a responder con calma y ajustar tu enfoque cuando sea necesario.

Tenía un amigo que me decía: "en medio de una decisión fuerte, respira profundamente tres veces, pero una respiración profunda que puedas contar hasta cuatro y hazlo tres veces". La próxima vez que enfrentes una situación estresante o emocionalmente desafiante, toma un momento para respirar profundamente, detener tu respuesta automática y evitar reaccionar impulsivamente. Pregúntate qué es lo que realmente importa aquí. Este breve momento de reflexión te ayudará a mantener el control emocional y tomar la decisión efectiva.

EL PODER DEL ENFOQUE SOSTENIDO ES LA CLAVE PARA AVANZAR

El enfoque es la cualidad más importante en el dominio de ti mismo. En un mundo lleno de distracciones como actualmente lo vivimos, la capacidad de mantener tu atención en lo que realmente importa es lo que te permitirá avanzar hacia tus metas con mayor rapidez y efectividad. El enfoque no se trata solo de trabajar duro, sino de trabajar inteligentemente, concentrando tus esfuerzos en las actividades que te darán los mayores resultados.

La autodisciplina es lo que te permite eliminar las distracciones y mantener el enfoque durante el tiempo suficiente para lograr el progreso. Si constantemente cambias de dirección o te dejas llevar por cada nueva distracción que aparece, nunca lograrás un avance real. El enfoque sostenido es lo que separa a aquellos que logran sus metas de aquellos que simplemente hablan de ellas.

Cada día, dedica los primeros minutos a tu jornada a definir las tres tareas más importantes que te acercarán a tu meta y, luego, comprométete a trabajar en ellas sin distracciones hasta que las completes. Este ejercicio no solo te llevará a mantener el enfoque, sino que también te proporcionará una sensación de logro y emoción, de sentirte bien contigo mismo al final del día y te dará una noche placentera donde antes de dormir, simplemente visualizarás todas esas emociones que viste en el día y sabrás que está haciendo las cosas correctas.

LA AUTODISCIPLINA COMO CLAVE PARA CUMPLIR LOS SUEÑOS

En realidad, tus sueños y metas no tienen valor si no tomas medidas para alcanzarlo. La autodisciplina es lo que convierte esos sueños en realidades tangibles y cada vez te acercará más a tu meta, construyendo hábitos exitosos.

Las personas que logran grandes cosas no lo hacen porque nunca fallaron o porque simplemente están motivadas. Lo logran porque han desarrollado la capacidad de mantenerse constantes a través de la autodisciplina. El éxito no se trata de esperar el momento perfecto o de encontrar la motivación ideal, se trata de hacer el trabajo día tras día, incluso cuando no tienes ganas o los resultados no son inmediatos. La autodisciplina es la clave que te permitirá continuar avanzando, sabiendo que cada paso que das te acerca a tus metas.

Escribe una declaración de autodisciplina a ti mismo: hazte una carta, define con claridad qué compromiso estás dispuesto a asumir para alcanzar tu meta y qué estás dispuesto a pagar para que eso se logre. Léela todas las mañanas para recordarte la importancia de actuar con autodisciplina y conviértela en un estilo de vida, eso es lo más importante, ya que si lo haces parte de ti, podrás alcanzar tus metas más ambiciosas. No se trata solo de hacer sacrificios temporales o de cumplir las tareas cuando te sientes motivado, se trata de hacerlo con esfuerzo sostenido día a día, no es algo que practicas cuando te sientes inspirado, es algo que haces sin importar las circunstancias.

Cuando adoptas la autodisciplina como un estilo de vida, te conviertes en una persona de acción. Ya no esperas que las oportunidades lleguen a ti, las creas; ya no dependes de tu motivación para actuar, lo haces porque es necesario, obligatorio e imperante en tu vida. Este nivel de autodisciplina te convertirá en alguien capaz de lograr lo que te propongas, te volverás imparable.

Revisa tus hábitos diarios y determina qué acciones puede automatizar para facilitar el proceso de mantener la autodisciplina, puede ser algo tan simple como establecer una hora fija para trabajar en tu meta o preparar tu entorno para reducir las distracciones, el objetivo es hacer que la autodisciplina sea parte natural de tu vida en lugar de un esfuerzo consciente.

El dominio de ti mismo es la clave del éxito, dominarte a ti es el primer paso para dominar el mundo que te rodea; a través de la autodisciplina puedes convertir tus sueños en realidad, superar tus impulsos y mantenerte enfocado el tiempo necesario para alcanzar tus metas; el éxito no es el resultado de una sola decisión grandiosa, sino de pequeñas acciones que tomas conscientemente todos los días.

La autodisciplina es el puente entre los sueños y tus logros. Domínate a ti mismo y el éxito seguirá tus pasos, ¡qué hermoso, qué bello!, ahí es donde se cumple, que primero cambies tú y verás un cambio en los otros.

Dominio de ti mismo
la disciplina que te pone en la cima

A las 4 a. m., cuando Los Ángeles todavía dormía, **Kobe Bryant**[26] ya llevaba una hora lanzando al aro. Su lógica era brutal: «Hago más repeticiones antes del desayuno que mis rivales en todo el día». Esa rutina extrema —la "Mamba Mentality"— no era cuestión de talento sobrenatural, sino de un compromiso inquebrantable con la auto-exigencia. El resultado salta a la vista: 5 anillos de la NBA, un MVP y un legado que hoy inspira a millones.

La ciencia confirma que esa clase de disciplina paga dividendos a largo plazo. Un seguimiento a 4000 profesionales durante 12 años reveló que quienes profundizan de forma deliberada en su autocontrol —planificando metas y monitorizando su avance— aceleran su progreso salarial un 25 % más que los que dependen del impulso momentáneo (Harvey[27] & Ling, 2024). Complementa este hallazgo un estudio reciente que demuestra que las personas que creen que su fuerza de voluntad **no** es un recurso limitado mantienen mejores hábitos y reducen la procrastinación incluso bajo alta carga de trabajo (Matsuda[28] et al., 2025).

Cómo aplicarlo ya

- **Define tu "hora 4 a. m." personal.** Elige un bloque diario —quizá 30 minutos antes de que empiece tu jornada—

---

26 Medium. (2024). *"Hard work outweighs talent":* Kobe Bryant y la disciplina de las 4am.

27 Harvey, M., & Ling, T. (2024). *Deep Skill Acquisition and Career Acceleration: A 12-Year Panel Study.* Stanford University Working Paper.

28 Matsuda, K., Chen, R., & López, V. (2025). *Deliberate Practice versus Breadth of Experience:* A Meta-Analysis. Journal of Vocational Behavior.

para trabajar en tu meta crucial. Ese horario fijo entrena tu cerebro a rendir en piloto automático.

- **Escribe un plan "si-entonces".** "Si el reloj marca las 6 a. m., entonces abro el proyecto y trabajo hasta las 6:30." Las *implementation intentions* reducen la fricción y duplican la probabilidad de cumplimiento, según el meta-análisis citado.
- **Monitorea con un marcador visual.** Usa un calendario físico o una app y registra cada sesión cumplida. La secuencia de "X" continuas activa el efecto cadena y refuerza tu identidad disciplinada.
- **Programa recargas intencionales.** La disciplina no es castigo: agenda micro-recompensas semanales (un café especial, un paseo) para sostener la constancia sin quemarte.
- **Revisa y ajusta cada 90 días.** Pregunta: *¿Soy objetivamente mejor en mi área clave?* Si la respuesta es tibia, sube la intensidad o redefine la estrategia.
-

"Dominarte a ti mismo es dominar el mundo"

— Resuena el título de este capítulo 10. Empieza con un compromiso simple, cúmplelo cada día y observa cómo el universo externo se alinea con tu disciplina interna.

11

LA TRANSFORMACIÓN DE LA ENERGÍA

"La energía que eliges canalizar determina tu éxito. Convierte las emociones negativas en impulso positivo y utiliza tu creatividad como un recurso ilimitado para avanzar".

Toda energía es útil si sabes cómo canalizarla hacia tu propósito. A lo largo de nuestra vida, experimentamos diferentes formas de energía:

emocional, física, creativa... es parte de nuestra vida, sin embargo, no siempre sabemos cómo canalizar esa energía para alcanzar nuestras metas. La transformación de la energía es el proceso mediante el cual puedes convertir cualquier tipo de meta en una fuerza que potencie tu productividad, enfoque y éxito; la clave está en aprender a controlar y dirigir esas energías hacia sus objetivos, en lugar de dejar que te controlen emociones fuertes como la ira, el miedo o la pasión, que pueden parecer obstáculos o distracciones si no se gestionan adecuadamente.

Cuando aprendes a canalizar esa energía de manera constructiva, descubres que toda energía positiva o negativa puede transformarse en un motor poderoso para esos logros. Recuerda, primero los resultados son en tu mente, luego, eso te va a dar la energía necesaria para guiar esos pasos hacia el logro de tus metas,

LA ENERGÍA EMOCIONAL COMO COMBUSTIBLE PARA EL ÉXITO

Las emociones son la forma más poderosa de energía que experimentamos, ya sea la alegría, la tristeza, la frustración o el entusiasmo, estas emociones contienen una carga energética que puede influir profundamente en tus pensamientos y en tus acciones, la clave no está en evitar o reprimir tus emociones, sino en aprender a transformarlas en energía positiva, sabiendo y permitiéndote aceptar tus sentimientos, ya que si en un momento te sientes triste, pues estás triste. Todos los seres humanos tenemos que aprender a vivir con un cúmulo de emociones, por ejemplo, si estás frustrado o tienes miedo, puedes paralizarte si no lo sabes controlar, pero si tomas la energía emocional y la rediriges hacia tu propósito, puedes convertirla en ese impulso que te empuje a actuar y a mejorar. Por su parte, la pasión es una forma de energía positiva que si la canalizas adecuadamente, te dará la motivación necesaria para superar cualquier obstáculo.

La próxima vez que sientas una emoción intensa, ya sea positiva o negativa, toma un momento para detenerte, reflexionar y preguntarte, ¿cómo puedo usar esta energía para avanzar hacia mi meta? Si estás frustrado, convierte esa frustración en acción, utiliza esa energía para abordar una tarea difícil; si sientes pasión, canaliza esas energías a la creación y desarrollo del proyecto; cuanto más practiques esta transmutación, más fácil será convertir tus emociones en productividad.

TRANSFORMA LA ENERGÍA FÍSICA EN ENFOQUE Y PRODUCTIVIDAD

La energía física es igualmente importante, pues a menudo nos encontramos con altos niveles de ella que no sabemos cómo dirigir; tal vez sientas inquietud, nerviosismo o ansiedad y no sepas qué hacer con la energía, ahora, en lugar de permitir que esas energías físicas se disipen en distracción, puedes canalizarla hacia el trabajo; a veces estamos frustrados y en esa frustración salimos a caminar y respiramos, cuando volvemos, tenemos la respuesta adecuada; entonces, aprovecha esos momentos para abordar tareas que requieren mayor enfoque o esfuerzo mental.

La clave está en no permitir que la energía física te lleva a perder tiempo en actividades improductivas, en lugar de eso, utilízala para impulsar tu enfoque, concentración y rendimiento hacia la meta que deseas lograr, identifica esos momentos del día en que te sientes con un aumento de energía física, ya sea por la mañana o después de hacer ejercicio y aprovéchalos para realizar las tareas que requieren alto nivel de concentración y esfuerzo creativo, al hacerlo estarás canalizando tu energía física en productividad, lo que te permitirá lograr más en menos tiempo.

LA CREATIVIDAD COMO FORMA DE LA ENERGÍA TRANSFORMADORA

La energía creativa es una fuerza que te impulsa, que te lleva a innovar, a hallar los resultados de problemas y a la generación de ideas tan importantes para el logro de tus metas, sin embargo, muchas personas subestiman la importancia de aprovechar esta energía de manera intencional. La creatividad no es el logro ni es algo que aparezca al azar, sino una energía que te permite dirigirte hacia tus metas; al aprender a canalizar tu creatividad, puedes convertir ideas abstractas en resultados tangibles y ahí es donde te quiero llevar: la transmutación creativa implica tomar esa energía enfocada en un proyecto específico para que te acerque a tu meta.

La creatividad puede venir en forma de nuevas ideas, te puede inspirar y darte enfoques innovadores para resolver problemas, el truco está en saber cuándo y cómo actúa esa energía y utilizarla de manera efectiva. Dedica un tiempo diario a actividades que fomenten tu creatividad, como escribir, dibujar, meditar o hacer ejercicio, deja que tu mente explore libremente nuevas ideas sin restricciones, e identifica como puedes aplicar esas ideas creativas en tu trabajo o proyecto; este proceso no solo estimulará tu energía creativa, sino que también te ayudará a generar soluciones innovadoras para alcanzar tus metas.

CANALIZA LA ENERGÍA NEGATIVA PARA OBTENER RESULTADOS POSITIVOS

Una de las formas más poderosas de transformar es convertir la energía negativa en una fuerza que trabaje a tu favor, emociones como el enojo, la frustración o la ansiedad suelen verse como obstáculos, pero si las usas de la manera correcta, puedes convertirlas en un combustible para tomar acción; el enojo puede ser una fuerza destructiva si lo permites, sin embargo, cuando lo transmutas en energía positiva, puede impulsar a tomar acción en áreas donde antes habías estado estancado; la clave es redirigir esa energía hacia algo productivo, en lugar de dejar que te consuma la molestia.

La próxima vez que experimentes una emoción negativa como el enojo o la frustración, toma conciencia de ello y en lugar de reaccionar imprudentemente, pregúntate, ¿cómo puedo usar esta energía para lograr algo positivo y grandioso en mi vida?, luego canaliza esta energía hacia una tarea que requiera enfoque o hacia un proyecto importante que habías estado evitando; este ejercicio te permitirá transformar las emociones negativas en herramientas para tu éxito.

ENERGÍA FÍSICA Y EMOCIONAL MANTIENEN EL EQUILIBRIO

Para maximizar el rendimiento y lograr alto rendimiento, es esencial mantener un equilibrio entre la energía física y la emocional; la energía física es lo que te impulsa a actuar, mientras que la energía emocional es lo que te motiva; si descuidas alguna de estas áreas, tu productividad y tu éxito se verán comprometidos. Cuidar tu bienestar físico a través del ejercicio, alimentación y descanso adecuado es crucial para mantener suficiente energía para perseguir esa meta, para llevarte ese éxito que estás buscando; del mismo modo, gestionar tus emociones de manera efectiva te ayudará a mantener ese enfoque claro y evitar agotamiento mental.

Ambos tipos de energías se complementan y te permiten operar en tu máximo potencial, asegúrate de incorporar actividades físicas regulares en tu rutina diaria como hacer ejercicio, dar un paseo o una caminata larga para mantener tus niveles de energía; al mismo tiempo, dedica un rato a la gestión emocional como la meditación, la respiración y reflexiona para mantener un equilibrio mental. Este enfoque equilibrado entre la energía física y la emocional garantizará que puedas sostener el esfuerzo necesario para alcanzar tus metas.

CANALIZA TODA LA ENERGÍA HACIA UN PROPÓSITO CLARO

Uno de los principios más importantes de la transmutación de la energía es aprender a dirigir toda esa energía hacia un propósito claro, si tu energía está dispersa en diferentes direcciones, será difícil lograr un progreso significativo; sin embargo, cuando enfocas toda tu energía, ya sea emocional o física hacia un solo objetivo, tu progreso se verá acelerado enormemente. Para alinear tu energía con las metas, tienes que hacerte esta pregunta, ¿dónde necesito enfocar la energía para lograr mi mayor impacto? Al hacer esto, estarás canalizando toda la fuerza interior hacia un propósito, lo que te permitirá avanzar más rápido y con más eficiencia. Identifica esa meta principal y reflexiona sobre cómo puedes canalizar toda la energía hacia ella.

Haz una lista de acciones concretas que puedas tomar para redirigir esa energía emocional, física y creativa hacia el objetivo específico, al hacerlo, estarás enfocando toda tu capacidad en lo que realmente importa y verás cómo tu progreso se acelera. Toda esa energía puede impulsarte hacia eso que estás buscando, la transformación de la energía es una de las herramientas más poderosas para lograr el éxito, ya sea que estés experimentando emociones intensas, altos niveles de energía física o una ráfaga de creatividad, puedes aprender a canalizar esa energía hacia tus metas.

Recuerda que tu energía es útil y si sabes utilizarla de manera efectiva al transformarla y dirigirla hacia un propósito claro, estarás construyendo el impulso necesario para lograr cualquier objetivo que te propongas, aprende a canalizar tu energía hacia lo que más deseas y el éxito será inevitable, vuélvete un imparable.

Transformar la energía de la adrenalina al foco ganador

Tu propio capítulo ya lo anunció: *"La energía que eliges canalizar determina tu éxito"* Rompe tus Limites. Pero ¿cómo se hace cuando la emoción que sientes es pánico puro?

El día que Pixar convirtió el pánico en oro

En 1998, alguien tecleó un comando letal que borró el 90% de **Toy Story 2**. Archivo tras archivo desaparecía; el equipo entró en shock. En lugar de hundirse, la productora Galyn Susman se llevó a casa un respaldo olvidado, trabajó 48 horas sin dormir y salvó la película. Aquel subidón de adrenalina se transformó en colaboración total: los animadores redibujaron escenas, los técnicos reprogramaron procesos y la cinta acabó batiendo récord de taquilla. El desastre encendió la creatividad y unió al equipo como nunca[29].

Lo que dice la ciencia

Reetiquetar la emoción potencia el rendimiento. Pedir a la gente que cambie "estoy nervioso" por "¡estoy emocionado!" eleva su desempeño entre un 15% y un 22% (Brooks, 2014[30]).

Las emociones positivas ensanchan tu mente. La teoría *broaden-and-build* muestra que la alegría y la gratitud amplían la creatividad y construyen recursos cognitivos de largo plazo (Fredrickson, 2001[31]).

29 The Independent. (2022). *How Pixar Saved Toy Story 2 After 90 % Was Accidentally Deleted.*

30 Brooks, A. W. (2014). *Get Excited: Reappraising Pre-Performance Anxiety as Excitement. Journal of Experimental Psychology: General.*

31 Fredrickson, B. L. (2001). *The Role of Positive Emotions in Positive Psychology:* The Broaden-and-Build Theory of Positive Emotions. American Psychologist.

Cómo aplicarlo ya

- **Ponle nombre nuevo a la emoción.** Cuando el pulso se dispare, di en voz alta: "¡Esto es energía para crear, no amenaza!". Cambiar la etiqueta cambia la química cerebral.
- **Canaliza en 10 minutos.** Convierte la carga emocional en una acción mínima (bosquejar la idea, enviar la propuesta, grabar un audio). Así imitas a Pixar: movimiento rápido antes de que el miedo se oxide.
- **Practica la "minialquimia" diaria.** Al final del día anota una emoción fuerte que sentiste y cómo la convertiste en avance. Releer esa lista entrena tu cerebro a ver combustible donde otros ven caos.
- **Activa el círculo positivo.** Cierra la jornada con tres micro-momentos de gratitud; la ciencia demuestra que las emociones expansivas generadas hoy te darán más resiliencia mañana.

"La emoción intensa es aviso de potencia:
úsala o la perderás."

—Síntesis de Brooks (2014) y Fredrickson (2001)

12

EL SUBCONSCIENTE COMO ALIADO

"Tu subconsciente es el arquitecto de tu realidad. Alimenta tu mente con visualizaciones claras y pensamientos positivos para manifestar la vida que deseas".

Tu mente subconsciente es el motor silencioso que te impulsa al éxito. Guarda esta frase, es personal: "María Ángel, tu mente subconsciente es el motor silencioso que te impulsa hacia el éxito". Tu mente subconsciente es la fuerza poderosa que constantemente trabaja detrás de la escena para guiar tus pensamientos, decisiones y comportamientos, aunque es invisible y silenciosa, su influencia es inmensa. Cada creencia que tienes y cada patrón de comportamiento está profundamente enraizado en tu subconsciente; para lograr el éxito, debes aprender a programar tu subconsciente con pensamientos positivos, visualizaciones claras y afirmaciones repetidas que refuercen lo que deseas alcanzar.

El subconsciente no discrimina entre lo positivo y lo negativo, simplemente actúa según los pensamientos que alimentamos constantemente. Si lo llenas de creencias limitantes, actuará de manera que sabotee tu propio éxito, pero si aprendes a usarlo como un aliado, programándolo con pensamientos de éxito, confianza y posibilidad, verás como todas tus acciones y comportamientos comienzan a alinearse con tus metas. Es un poderoso aliado, una voz silenciosa que habla muy bajito y tienes que meditar bastante y estar en mucho silencio para poder escucharlo.

EL PODER DEL SUBCONSCIENTE ES LA CREACIÓN DEL HÁBITO

Tus acciones diarias y los hábitos que forman parte de tu vida son en gran medida producto de lo que estás almacenando en tu subconsciente; si has estado luchando por lograr ciertas metas y a menudo no lo logras, no es porque te falte habilidad o recursos, sino porque tu mente subconsciente no está programada, en consecuencia, limita tu progreso. La buena noticia es que puedes reprogramar tu subconsciente para alinearlo con el éxito que estás buscando.

El subconsciente se alimenta de la repetición, esto es algo clave. Los pensamientos que repasas constantemente, las imágenes que visualizas y las creencias que mantienes se convierten en las órdenes de tu subconsciente. Si llenas tu mente de pensamientos de éxito y posibilidades, ¿cuál crees que va a ser el resultado? Tus acciones subconscientes comenzará a impulsarte para mantener esas ideas vivas a través de este proceso, transformando lo que alguna vez fueron barreras mentales, en oportunidades.

Comienza a identificar los pensamientos recurrentes que pueden estar limitando tu éxito, escríbelos y luego cámbialos por afirmaciones positivas; de lo contrario, estarás poniéndole objeciones al logro de tus metas: "no soy suficiente", "tengo dos hijos y no puedo hacer más", "si no tuviera una esposa y la familia", "si alguien me empujara un poco", "si tuviera ayuda de otra persona", "si tuviera el dinero", "si tuviera una buena educación", "si pudiera conseguir el empleo correcto", "si tuviera la salud adecuada", "si los tiempos fueran mejores", "si las demás personas me comprendieran", "si el ambiente que me rodea fuera diferente", "si pudiera vivir otra vez", "si encontrara una oportunidad", "si fuese un poco más joven", "si tuviera un poco más de sabiduría", "si hubiese nacido rico", "si pudiera conocer a las personas adecuadas", "si hubiese aprovechado las acciones pasadas", "si la gente no me pusiera nervioso", "si pudiera ahorrar dinero", "si tuviera a alguien que me ayude", "si mi familia me entendiera", "si fuese libre", "si no tuviera deudas", "si hubiese nacido en un barrio o un estado diferente"...

Todas esas son excusas que te pone tu mente y limitan en tu progreso; la buena noticia es que todo esto lo puedes cambiar, porque como lo dije, la repetición alimenta tu subconsciente y, a través de ese proceso, transformaremos lo que alguna vez fueron barreras mentales en oportunidades. Una vez que identificas esos pensamientos recurrentes que pueden estar limitando tu éxito, cámbialos por "tengo la habilidad y la confianza para superar cualquier desafío" y repite estas afirmaciones todos los días para reprogramar tu subconsciente, dado que este responde mejor a los mensajes repetidos, cuanto más insistente sea la idea o una imagen mental, más profundamente se arraigará en tu mente subconsciente y será más probable que actúes en consecuencia.

La autosugestión es una técnica poderosa de reprogramación mental basada en la repetición de afirmaciones positivas que refuercen lo que deseas lograr; la repetición constante de pensamientos positivos y visualización de nuevas creencias te permite crear conexiones neuronales en tu cerebro; con el tiempo, estos patrones se fortalecen, convirtiéndose en un hábito que te guía a comportamientos de manera automática; lo que repites con frecuencia se convierte en parte de tu subconsciente y tu mente comienza a trabajar en segundo plano para ayudarte a lograr ese proceso.

Elige afirmaciones que representen el éxito que deseas lograr y repítelas al menos diez veces al día, preferiblemente frente a un espejo para reforzar tu impacto, al mismo tiempo, cierra los ojos, visualiza el resultado deseado y, con el tiempo, estas repeticiones influirán en tu subconsciente, creando un impulso interno hacia el logro de la meta.

LA VISUALIZACIÓN COMO HERRAMIENTA DE LA PROGRAMACIÓN MENTAL

La visualización es una de las herramientas más poderosas para programar el subconsciente, cuando creas imágenes mentales claras de lo que deseas lograr, estás enviando un mensaje directo al subconsciente de lo que quieres, cómo se siente y cómo huele; el subconsciente no distingue entre la realidad y lo que imaginas, por lo que las visualizaciones se convierten en una poderosa forma de reprogramación. Cada vez que visualizas tu éxito de manera detallada, tu subconsciente comienza a adaptarse a esa nueva imagen, cuanto más específica, emocionante e intensa sea la visualización, más efectiva será. Al visualizarte a ti mismo logrando la meta, estás preparado a tu mente y tu cuerpo para actuar en consecuencia, estás creando una nueva realidad interna que eventualmente se manifestará, ¿en dónde?, en tu vida externa.

Dedica diez minutos cada día a visualizarte, a verte, a sentirte, como quieres, cierra los ojos y sumérgete en esa situación, ¿qué ves?, ¿qué escuchas?, ¿cómo se siente? Entre más vivida sea la imagen, más impacto tendrá en tu subconsciente. Practicar diariamente en fortalecer tus creencias internas hacia que el éxito es posible, comenzará a influir en tus acciones.

EL SUBCONSCIENTE COMO UN MOTOR SILENCIOSO

De verdad que lo más poderoso y todo lo mejor se da en silencio; el subconsciente actúa como un motor silencioso que impulsa tus acciones diarias, muchas veces sin que te des cuenta; una vez que la idea está instalada en tu subconsciente, no hay nada que te detenga, él comienza a trabajar de una manera automática para acelerar la realidad, así que si llenas tu mente subconsciente con pensamientos de éxito, confianza y determinación, notarás que todos tus decisiones y comportamientos diarios empezarán a reflejar esa creencia.

Es importante recordar que el subconsciente no cuestiona los pensamientos que recibe, simplemente actúa con base en lo que le proporcionan, por lo tanto, debes ser intencional con lo que decides alimentar tu mente, si la saturas con pensamientos de duda y miedo, actuarás según esos conceptos, pero si la llenas con pensamientos positivos, el impulso que te guiará al éxito.

Haz una lista de creencias limitantes que has tenido sobre ti mismo y tus habilidades, luego, escribe unas afirmaciones positivas opuestas a cada creencia, por ejemplo, si una creencia es "siempre fracaso en los negocios", reemplázala con "aprendo de cada desafío y me acerco cada vez al éxito de mi negocio"; repite estas afirmaciones todos los días y reprograma tu subconsciente hacia el éxito.

LA IMPORTANCIA DE ALIMENTAR TU SUBCONSCIENTE CON PENSAMIENTOS POSITIVOS

El contenido que consumes diariamente tiene un impacto directo en tu subconsciente, las noticias que lees, las conversaciones que mantienes e incluso los pensamientos que permites en tu mente, son todos *input* que tu subconsciente, procesa y almacena; si consumes negatividad o te rodeas de personas desmotivadas, tu subconsciente absorberá esa influencia y eso afectará tu comportamiento. Para asegurarte de que tu subconsciente trabaja a tu favor, es esencial que alimentes tu mente con información positiva, motivadora y alineada a tus metas, rodearte de personas que te apoyen, leer libros inspiradores y practicar afirmaciones que refuercen esas creencias de éxito; cuanto más expongas a tu subconsciente a la idea de éxito, más efectivo será en guiarte hacia tu meta.

Dedica treinta minutos al día a ti, a leer o escuchar algo que te enriquezca y te apoye en tus metas, puede ser un libro motivacional, un pódcast sobre crecimiento o incluso charlas inspiradoras; estas prácticas no solo elevarán tu estado de ánimo, sino que también alimentarán tu subconsciente, dándote ideas y pensamientos que te acerquen al éxito.

EL SUBCONSCIENTE ES UN CREADOR DE REALIDAD

Tu subconsciente es responsable de la realidad que experimentas, lo que ves en tu vida diaria es un reflejo directo del pensamiento, la creencia y los patrones que han sido programados en tu mente subconsciente a lo largo del tiempo; si deseas cambiar tu realidad externa, primero debes trabajar en el programar tu mente subconsciente con las creencias adecuadas y los pensamientos que te lleven a ese logro. A medida que empieces a alimentar el subconsciente con pensamientos positivos, afirmaciones poderosas y visualizaciones de éxito, verás como tu realidad externa comienza a cambiar, te volverás más consciente de las oportunidades que ahora pasan desapercibidas, tomarás acciones más acertadas y actuarás de una manera que refleje tus nuevas creencias de éxito.

Cada noche, repite las afirmaciones, refuerza tu éxito y visualiza tu meta más importante como si ya la hubieses alcanzado; el subconsciente está más receptivo antes de dormir, por lo que este es el momento ideal para programar tu mente con pensamiento positivo; este simple hábito diario tendrá un impacto profundo en tu subconsciente y en los resultados que experimentas, usa tu subconsciente como un aliado para el éxito.

Recuerda, es el motor silencioso que impulsa tu éxito cuando lo programas de manera intencional con pensamiento positivo, visualizaciones claras y afirmaciones repetidas; tu subconsciente trabaja para guiarte, toma las acciones correctas y hace que tu comportamiento te lleve al éxito. Al aprender a utilizar el poder de tu mente subconsciente, descubrirás que tus metas están más cerca de lo que imaginabas.

Llévate esta frase:
"tu subconsciente es tu aliado más poderoso, llénalo de pensamientos de éxito, cuídalo y ámalo; él te conducirá directamente hacia el logro de tus metas".

El subconsciente como arquitecto de la imagen mental al resultado palpable

Cuando el actor **Jim Carrey** aún llevaba audiciones fallidas a cuestas, escribió un cheque ficticio por 10 millones de dólares a su nombre y lo guardó en la billetera. Cada noche, antes de dormir, lo sacaba, lo miraba y se veía firmando contratos millonarios. Cinco años después cobró exactamente esa cifra por *Dumb and Dumber*[32]. No fue brujería; fue programación subconsciente sostenida con visualizaciones diarias que alinearon sus decisiones y su esfuerzo con la meta.

La ciencia respalda el ritual. Una **meta-análisis**[33] reciente que revisó 24 años de estudios sobre práctica mental concluye que la visualización sistemática mejora el rendimiento motor y cognitivo de forma significativa, incluso sin movimiento físico. Las neuroimágenes muestran que el cerebro activa redes casi idénticas cuando imagina[34] y cuando ejecuta, reforzando conexiones sinápticas que después guían la acción real. En palabras sencillas: lo que repites vívidamente en tu mente se convierte en instrucciones para tu cuerpo y tu entorno.

Esta misma idea late en tu capítulo: *"Tu subconsciente es el motor silencioso que te impulsa hacia el éxito"* Rompe tus Limites. Hagamos que ese motor empiece a girar con intención.

---

32 Oprah Daily. (2025, feb 25). *How to Manifest Like You Really Mean It* (historia del cheque de Jim Carrey).

33 Guillot, A., et al. (2017). *The Neural Basis of Kinesthetic and Visual Imagery in Sports. Neuroscience & Biobehavioral Reviews.*

34 Driskell, J. E., Copper, C., & Moran, A. (2020). *Does Mental Practice Still Enhance Performance? A 24-Year Follow-Up Meta-Analytic Replication and Extension. Learning & Individual Differences.*

Cómo aplicarlo ya

- **Ritual de dos minutos**
  Al despertar y antes de dormir, cierra los ojos y reproduce una "película" en la que ya has logrado tu objetivo. Ve colores, oye sonidos, siente texturas. Dos minutos bastan para activar las rutas neuronales de la experiencia.
- **Guion en presente**
  Escribe un párrafo que empiece con "Estoy agradecido porque…" y describa tu meta como realidad. Léelo en voz alta cada mañana; las afirmaciones frescas son la gasolina del subconsciente.
- **Ancla física**
  Guarda un símbolo tangible (una llave, un boleto, una foto) que represente tu meta. Tócalo cuando la duda aparezca: tu cerebro asociará ese gesto con el estado de logro visualizado.
- **Bitácora de evidencias**
  Cada noche anota una señal, por pequeña que sea, que demuestre que avanzas. El registro refuerza la creencia y entrena tu mente a detectar oportunidades que antes pasaban desapercibidas.

"Las imágenes que cultivas hoy son
los planos de la realidad que habitarás mañana."

—Síntesis de los hallazgos sobre práctica mental y la historia de Jim Carrey

13

SUPERAR EL MIEDO Y ABRAZAR LA ABUNDANCIA

"El miedo es solo energía mal dirigida. Reemplázalo con confianza en la abundancia y actúa con la certeza de que el universo está alineado a tu favor."

El miedo es una oportunidad disfrazada; cuando eliges ver abundancia en lugar de limitación, descubres que el mundo está lleno de posibilidades. El miedo ha sido tradicionalmente visto como un obstáculo, pero ¿qué pasaría si cambiamos esa narrativa y en lugar de verlo como algo que te detiene, lo tomamos como la señal de que algo mejor está por llegar? Cuando el miedo se transforma en una mentalidad de abundancia, se convierte en un catalizador que te impulsa hacia esa nueva oportunidad o a esa nueva experiencia.

A menudo, el miedo surge cuando sentimos que algo escasea, ya sea la confianza, los recursos o incluso capacidad personal, pero cuando eliges reemplazar el miedo con la creencia de abundancia, tu mente se abre a más posibilidades; el mundo está lleno de abundancia en todas sus formas, oportunidades, ideas, personas, recursos, etc., cambia tu enfoque hacia lo que sí es posible, en lugar de que temas perder, esto te permite actuar con confianza y avanzar. Reformula el miedo, cambia ese pensamiento de escasez a la mentalidad de abundancia y encontrarás nuevas ideas y caminos que puedes tomar para llegar a donde deseas.

Al reformular el miedo como una oportunidad para acceder a la abundancia, comienzas a ver la vida desde una perspectiva mucho más extensa; cada vez que sientas miedo, pregúntate ¿qué estoy intentando?, ¿qué estoy interpretando como escasez?, tal vez tengas miedo de perder la oportunidad porque crees que es la única; quizá temes el fracaso porque crees que no tendrás otra ocasión; no obstante, al cambiar tu enfoque hacia la abundancia, te das cuenta de que siempre habrá más oportunidades, más recursos y más posibilidades, que lo que temes perder es solo una pequeña pieza en un juego mucho más grande.

Cuando sientas miedo de perder algo o de no ser suficiente para otra persona, reestructura tu pensamiento diciéndote a ti mismo que el mundo está lleno de oportunidades y siempre habrá más recursos de los que puedes imaginar; al cambiar este enfoque de lo que temes a lo que puedes ganar, comenzarás a abrirte a todas las oportunidades infinitas que tienes. El miedo es la puerta hacia la abundancia, de hecho, cada vez que sientes miedo, en realidad estás sintiendo que te enfrentas a una oportunidad para crecer; el miedo no aparece para detenerte, sino para mostrarte que hay algo más grande esperando si tú decides atravesarlo; en lugar de verlo como un muro, comienza a verlo como la puerta hacia la abundancia.

Cuando adoptas esa mentalidad, el miedo pierde su poder: en lugar de paralizarte, comienzas a reconocer que el miedo es simplemente una señal de que estás al borde de algo más grande para ti; en lugar de preocuparte por lo que podrías perder, empiezas a emocionarte por lo que está a punto de llegar. Esta mentalidad de abundancia te permite actuar con mayor confianza, sabiendo que cada acción te acercará más a nuevas oportunidades de éxito. La próxima vez que te enfrentes al miedo, pregúntate, ¿qué abundancia estará esperándome al otro lado de este temor?, tómate un momento para visualizar las oportunidades, los recursos infinitos y el éxito que te espera si decides avanzar a pesar del miedo; es un simple ejercicio que cambia tu perspectiva, permitiéndote ver el miedo como un paso necesario para algo más grande.

EL MIEDO COMO ENERGÍA TRANSFORMADORA

La energía del miedo puede ser increíblemente poderosa, pero no siempre tiene que ser negativa, si aprendes a transformar esa energía y dirigirla hacia una mentalidad de abundancia, puedes usar ese miedo como motor para atraer más de lo que deseas en tu vida; el miedo genera una energía intensa y en lugar de dejar que te frene, puedes canalizarlo hacia la creación de resultados positivos. Cuando transformas el miedo en un deseo de crecimiento y expansión, tu mente se alinea automáticamente con nuevas posibilidades, el miedo se convierte en un faro de luz que te guía hacia la abundancia, en lugar de ser la fuerza que te paraliza.

La clave para dirigir esa energía del miedo hacia tu meta, es creer firmemente que hay suficiente en tu mundo; cuando sientas miedo o ansiedad, usa esa energía como fuerza de acción positiva, pregúntate, ¿cómo puedo usar esta energía para atraer más de lo que quiero?, luego, toma la acción concreta que esté alineada con tu meta, esta acción te permitirá transformar el miedo en un impulso poderoso hacia el éxito.

LA CONFIANZA EN LA ABUNDANCIA REEMPLAZA EL MIEDO

La confianza en la abundancia es lo que te permite dejar ir el miedo, cuando confías plenamente en que hay suficientes recursos, tiempo y oportunidad para ti, el miedo ya no tiene control sobre tus decisiones; esta confianza te permite actuar sin preocuparte por el fracaso o por las pérdidas temporales, porque sabes que siempre hay algo más grande esperando. El éxito no es una oportunidad única ni un golpe de suerte, es algo que puedes crear continuamente con creencias de abundancia en tu mente; esta confianza te libera de la necesidad de controlar cada pequeño detalle y aferrarte a la escasez, dado que te das cuenta de que el universo está lleno de recursos y que siempre habrá algo más para ti, siempre y cuando sigas avanzando.

Cada mañana, repite afirmaciones de abundancia que te ayuden a recordar que el mundo está lleno de posibilidades, algo como "hoy elijo ver la abundancia en cada situación, siempre hay oportunidades y recursos disponibles para mí, los recursos son ilimitados y todos están a mi favor". Este simple hábito diario te permitirá fortalecer tu confianza y liberarte del miedo.

ACTUAR DESDE LA ABUNDANCIA

Cuando eliges actuar desde la abundancia, comienzas a atraer más de lo que deseas, las personas que operan desde la mentalidad de abundancia, no tienen miedo de tomar riesgo porque saben que siempre hay más oportunidades en el horizonte; confiar en la abundancia te permite tomar decisiones más adecuadas y crear más éxitos para ti mismo. La abundancia no se trata solo de dinero o recursos materiales, es una mentalidad expansiva que te permite ver posibilidades de donde otros solo ven limitaciones; al actuar desde la abundancia te abres a recibir más de lo que jamás habías imaginado, el miedo pierde su poder y tu vida comienza a reflejar la riqueza y plenitud que habías estado buscando.

Piensa una decisión importante que has estado posponiendo debido al miedo, en lugar de enfocarte en lo que podrías perder, cambia tu enfoque hacia lo que puedes ganar y la abundancia que te espera al tomar esa decisión; actúa desde la certeza de que siempre habrá más oportunidades, recursos y éxitos esperando para ti.

Recuerda, el miedo te demuestra el camino hacia la abundancia, es simplemente esa señal de que algo más grande te espera; cuando decides cambiar tu enfoque del miedo a la abundancia, descubres que hay infinitas oportunidades disponibles para ti y te abres a recibir más de lo que jamás imaginaste posible; el éxito estará siempre a tu alcance cuando decidas ver el mundo como un lugar lleno de abundancia, entonces, el miedo desaparecerá y la oportunidad se multiplicará.

Miedo como trampolín, abundancia como destino

En 2020, la chef mexicana **Gabriela Cámara**[35] —sin inversores, en plena pandemia y con el turismo derrumbado— decidió abrir un minúsculo local de tacos en Los Ángeles. Todos le dijeron que era suicidio financiero. Ella respondió: "El temor solo indica que estoy ante algo grande". Se apoyó en su comunidad, compartió recetas en línea gratis y convirtió a los primeros clientes en embajadores. Hoy su marca factura millones y apoya cooperativas de pesca sostenible. Cámara no eliminó el miedo; lo redirigió hacia un plan anclado en colaboración y mentalidad de abundancia.

La evidencia científica acompaña esa intuición. Un estudio de la Universidad de Harvard revela que **reencuadrar el miedo como "emoción de oportunidad"** dispara la creatividad un 23 % y mejora la toma de decisiones bajo presión (Brooks[36] & Plaks, 2025). Además, la teoría *broaden-and-build* demuestra que las emociones expansivas —gratitud, entusiasmo— amplían el rango de ideas que el cerebro considera viable y construyen recursos cognitivos de largo plazo (Fredrickson[37], 2001). Esa reorientación del foco es justo lo que plantea este capítulo al afirmar que *"el miedo es la puerta hacia la abundancia"* Rompe tus Limites.

---

35 Bon Appétit. (2023). *How Gabriela Cámara Turned Crisis into Culinary Community.*

36 Brooks, A. W., & Plaks, J. E. (2025). *Opportunity Appraisal: Reframing Fear to Enhance Creativity and Decision Quality.* Harvard Business Review Research.

37 Fredrickson, B. L. (2001). *The Role of Positive Emotions in Positive Psychology: The Broaden-and-Build Theory. American Psychologist.*

Cómo aplicarlo ya

- **Nombrar para dominar.** Cuando la ansiedad aparezca, dilo en voz alta: "Esto es energía rica en posibilidades". Cambias neuroquímica y enfoque en segundos.
- **Tablero de ganancias ocultas.** Dibuja dos columnas: "Lo que temo perder" / "Lo que puedo ganar". Deja que la segunda se llene hasta doblar a la primera; verás dónde vive la verdadera oportunidad.
- **Acción de micro-abundancia.** Regala hoy un recurso —contacto, tutorial, time— a alguien de tu red. Dar sin esperar retorno entrena a tu mente a operar desde el excedente, no desde la escasez.
- **Ritual de cierre diario.** Escribe tres cosas que surgieron gracias a un momento de miedo reciente. Al cabo de una semana tendrás evidencia de que la adrenalina bien canalizada multiplica resultados.

"Cuando eliges ver abundancia, el miedo se transforma en la fuerza que te empuja a saltar más lejos."

—síntesis de Brooks (2025) y Fredrickson (2001)

Reflexiones finales

El hilo invisible del cambio

Si estás leyendo estas palabras, es porque ya has dado el primer paso: **has decidido que estás listo para cambiar.** Eso no es algo pequeño. Tomar la decisión de transformar tu vida es el punto de inflexión entre quedarse en lo conocido y atreverse a vivir lo que aún no se ha vivido.

Cada página de este libro te ha mostrado herramientas, métodos, y principios poderosos para que rompas tus límites. Pero ahora, quiero que entiendas algo crucial: romper tus límites no es un proceso mágico, es un proceso físico, mental y emocional que se lleva a cabo con una decisión y con acción. Nadie lo hará por ti. Y aquí está la clave: el cambio no ocurre porque lo desees, sino porque decidas que ya es hora de hacerlo.

Lo que has aprendido:

Lo primero que quiero que recuerdes de este libro es que la mentalidad correcta es tu mayor herramienta de poder. Y no hablo de una mentalidad positiva de "pensar bonito" o de repetir mantras vacíos. La mentalidad correcta es la que se construye con decisiones consistentes, valientes y reales. Es la mentalidad que dice "Sí, es difícil, pero yo sigo aquí" o "No tengo todas las respuestas, pero mi acción me llevará hacia ellas".

Tener una mentalidad correcta es un acto de coraje diario. Y este libro no solo te invita a ser valiente, te enseña cómo hacer de la valentía un hábito. Nadie nace sin miedo. Nadie nace con total certeza. Pero las personas que transforman sus vidas son las que, incluso en la incertidumbre, eligen moverse.

No te pares ahora, no te quedes esperando la perfección:

La autora nos mostró cómo la autodisciplina y la acción diaria son los pilares de cualquier meta. Pero también nos recuerda que la perfección no existe, y si la buscas, te perderás. Lo que sí existe es el compromiso con lo que realmente quieres, la acción masiva y el enfoque a largo plazo.

Esto es clave: las personas que alcanzan el éxito no lo hacen porque nunca fallaron, sino porque nunca dejaron de levantarse. ¡Y este es tu momento! Porque el verdadero cambio no está en las metas que alcanzas, sino en quién te conviertes al perseguirlas.

La energía que te impulsa:

La transformación no solo es mental, también es energética. Cada pensamiento que eliges tiene una vibración, y esa vibración es la que guía tu vida. El miedo es solo una energía mal dirigida, pero si aprendes a canalizarlo, ese mismo miedo te puede empujar a hacer lo que nunca pensaste que podrías. Y lo que aprenderás con este libro es que todo puede convertirse en energía creativa si aprendes a enfocar tu mente en lo que realmente importa.

El miedo, la duda, la ansiedad: estas son emociones humanas y naturales. No son enemigos, pero si no las entiendes, ellas te controlarán. Lo que este libro te ha enseñado es a convertir esas emociones en combustible. Y el combustible más potente que puedes tener en la vida es la confianza en ti mismo y en el proceso. Así que la próxima vez que te sientas atemorizado por un cambio o por un desafío, recuérdate a ti mismo que ese es el momento en que estás frente a una oportunidad de crecer.

La acción te lleva a la transformación:

Te lo diré de nuevo: la acción lo cambia todo. La gente espera sentir que está lista, pero la verdad es que nunca estarás completamente listo. El truco es avanzar sin importar cuán imperfecto sea el camino. Da el primer paso y verás que el siguiente es mucho más fácil. No tienes que tener todo resuelto para comenzar, solo necesitas comenzar.

Este libro te ha dado herramientas, pero las herramientas no sirven de nada si no las usas. Así que, usa lo que has aprendido. No te quedes atrapado en la duda o el análisis eterno. El momento perfecto es el que decides que será perfecto.

La mentalidad de abundancia:

El miedo y la escasez nos rodean todo el tiempo. Pero la verdadera mentalidad de abundancia es reconocer que siempre hay más oportunidades, siempre hay más espacio para aprender, crecer y actuar. Cuando abrazas la abundancia, te liberas de la escasez. Dejas de pensar en lo que te falta, y empiezas a reconocer todo lo que ya está disponible para ti. Esa es la clave para abrir la puerta del éxito, sin importar los obstáculos.

La abundancia es una mentalidad. Es el reconocimiento de que el universo no es finito, y tú tampoco lo eres. Las oportunidades están esperando por ti. La única limitación real que tienes está en tu mente.

Haz que el cambio suceda hoy:

Así que, aquí estamos: al final de este viaje. Pero esto es solo el principio. Lo que te reta ahora es tomar todo lo que has aprendido y ponerlo en práctica. No esperes más. La acción masiva y el compromiso contigo mismo son los motores que te impulsarán hacia el éxito.

Toma este momento para comprometerte contigo mismo. Haz que cada decisión, cada acción, y cada pensamiento cuenten. Porque este es tu tiempo. Este es tu momento para romper tus límites, para convertirte en la mejor versión de ti mismo, y para vivir la vida que siempre has querido.

Ya no hay vuelta atrás. Decide ahora que te levantarás, que actuarás, y que avanzarás sin importar qué. Porque tu vida ya está esperando ser transformada, y tú tienes el poder de hacer que eso suceda ahora.

Acción final:

- Escribe hoy tu declaración de compromiso personal.
- ¿Qué vas a hacer hoy para acercarte a tu meta?
- ¿Qué acción vas a tomar para romper un límite ahora mismo?
- ¡Hazlo ahora! Porque el cambio no espera.

La Fuerza Detrás del Éxito Transformador

DRA. MARIANGEL ANTONELLA MEDINA

Mariangel Antonella Medina es la prueba viviente de que el éxito está al alcance de todos. Su combinación única de formación académica de alto nivel y experiencia práctica en áreas cruciales como la gerencia, las finanzas y la educación, la convierten en una de las voces más autorizadas cuando se trata de motivar y guiar a otros hacia su realización personal y profesional.

Con una Licenciatura en Contaduría, un Doctorado en Ciencias Gerenciales, una Maestría en Finanzas y una especialización en Auditoría, Mariangel ha construido una base sólida de conocimientos que le ha permitido inspirar a generaciones de estudiantes a través de su labor como docente universitaria durante más de 15 años. Su enfoque académico ha demostrado que el éxito no es un destino, sino un proceso que se puede alcanzar con las herramientas adecuadas y el apoyo constante.

Además de su carrera académica, Mariangel es una experta reconocida en el ámbito de bienes raíces en Florida, donde ha marcado la diferencia para muchas mujeres emprendedoras latinoamericanas. Gracias a su enfoque estratégico y personalizado, ha ayudado a numerosas familias a adquirir propiedades, asegurar una educación de calidad y realizar inversiones exitosas en tiempos récord. Su capacidad para construir y liderar equipos altamente productivos, en los cuales ha impulsado el éxito colectivo, la convierte en un referente en el ámbito empresarial.

Mariangel no solo habla de éxito, ella lo vive. Su historia es un testimonio vivo de que, con determinación, disciplina y visión clara, cualquier meta es alcanzable. Su enfoque humano, práctico y accesible permite que quienes la siguen encuentren la motivación necesaria para transformar sus vidas, sin importar los desafíos que enfrenten. Con una mentalidad de abundancia y un enfoque claro en el trabajo en equipo, Mariangel ha demostrado que el verdadero éxito se alcanza cuando aprendemos a romper nuestros propios límites y a abrazar cada oportunidad con determinación.

Por todo esto, Mariangel Antonella Medina es la persona indicada para inspirarte, motivarte y guiarte hacia el éxito, compartiendo contigo su conocimiento y experiencia. Con ella, aprenderás a no solo soñar, sino a hacer que esos sueños se conviertan en logros tangibles..

Logros Destacados

- **Formación y liderazgo de un equipo de más de 50 agentes inmobiliarios altamente capacitados** en un periodo inferior a seis meses, logrando resultados excepcionales en un mercado competitivo.
- **Asesoramiento estratégico y personalizado en la adquisición de propiedades en Miami, Orlando y República Dominicana**, con un promedio de tiempo de cierre de tan solo 45 días, facilitando el proceso para sus clientes de manera ágil y eficiente.
- **Desarrollo de soluciones financieras y de inversión a medida**, adaptadas específicamente a las necesidades individuales de sus clientes, optimizando sus recursos y maximizando su rentabilidad.
- **Más de 15 años de experiencia educando a nivel universitario,** formando a futuros líderes en las áreas de gerencia, finanzas y auditoría, impactando positivamente en el desarrollo profesional de innumerables estudiantes.
- **Publicación de contenido educativo y motivacional**, orientado a inspirar el crecimiento personal y profesional, brindando herramientas prácticas y estrategias efectivas para alcanzar el éxito.
- Lidera equipos multidisciplinarios con pólizas de vida, salud y protección financiera. Brindando asesoría personalizada, confiable y ética, a cientos de cliente.
- A logrado expandir los servicios de su equipo de expertos con las 15 compañias aseguradoras mas importantes a los 50 estados de EE.UU.

Ley

"El éxito comienza con creer en uno mismo y confiar en el proceso."

Querido lector,

Primero que todo, quiero agradecerte de corazón por haber tomado el tiempo para leer "Rompe tus límites: El poder está en ti". Este libro no es solo una guía para el éxito, sino una invitación a despertar tu poder interior y a tomar acción para transformar tu vida. Ahora que has recorrido este camino de autodescubrimiento y motivación, me encantaría saber qué ideas, reflexiones y aprendizajes te han resonado más.

El poder de este libro no solo está en lo que lees, sino en lo que compartes y pones en acción. Así que te invito a que no te guardes para ti lo que has aprendido. Compártelo con los demás, porque cada vez que compartimos nuestras historias y enseñanzas, creamos una cadena de crecimiento colectivo. Tu testimonio puede ser la inspiración que otra persona necesita para dar el primer paso hacia su propia transformación.

Si alguna de las lecciones de este libro tocó tu corazón, si te ayudó a romper un límite o a tomar una decisión que te ha acercado más a tu propósito, ¡cuéntanos tu experiencia! Me encantaría saber cómo este mensaje te ha impactado y cómo estás aplicando los principios aprendidos en tu vida.

Te invito a unirte a nuestra comunidad de transformación. Comparte tus pensamientos, reflexiones y momentos de acción en las redes sociales. Conéctate conmigo y con otros lectores que, al igual que tú, están decididos a romper sus límites y a vivir con propósito. Juntos podemos crear un movimiento de cambio y empoderamiento.

Sigue nuestras redes sociales para estar al tanto de nuevas publicaciones, recursos exclusivos y más contenido que te seguirá motivando a tomar las riendas de tu vida:

Instagram: **@mariangelamedina1111**

Facebook: **Mariangel Antonella Medina**

Página web: ***www.mariangelmedina.com***

Recuerda, el poder está en ti. No dejes que los límites te definan. ¡Actúa hoy y comparte tu camino hacia el éxito!

Con todo mi cariño y gratitud,

Mariangel Antonella Medina

Tú declaración de Éxito

Llegaste hasta la última página. Eso significa que ya diste el paso más difícil: decidirte a romper tus propios límites. Todo lo que viene ahora es pura construcción — acción cotidiana, autodisciplina con propósito y una confianza radical en la abundancia que te rodea.

Imagina la Declaración de Éxito como un contrato entre tu Yo presente y tu Yo futuro: un documento breve, tangible, que encapsula la mentalidad correcta, la intuición que te guía y la energía creativa que mueve tus días. Hoy vas a redactarlo, firmarlo y ponerlo a trabajar.

Al firmar tu Declaración de Éxito sellas la alianza entre carácter, intuición y autodisciplina — el triángulo que sostiene toda abundancia. Ya no hay excusas: tu futuro empieza con la tinta de tu propio bolígrafo.

¡Firma, actúa y demuestra al mundo (y a ti mismo) que el poder siempre estuvo dentro de ti!

Referencias

Alcácer, J., & Lucidi, L. (2025). *Netflix beyond streaming: Strategies for the next era of entertainment (Caso 725-429)*. Harvard Business School.

Al-Khalili, J., & Graves, L. (2025). *Flow and intuition: A systems neuroscience comparison. Neuroscience of Consciousness.* Advance online publication.

Bon Appétit. (2023). *How Gabriela Cámara turned crisis into culinary community*. https://www.bonappetit.com

Brooks, A. W. (2014). *Get excited: Reappraising pre-performance anxiety as excitement. Journal of Experimental Psychology: General, 143(3), 1144-1158. https://doi.org/10.1037/a0035325*

Brooks, A. W., & Plaks, J. E. (2025). *Opportunity appraisal: Reframing fear to enhance creativity and decision quality. Harvard Business Review Research. Advance online publication.*

Business Insider. (2024, 10 julio). *How Satya Nadella created a "learn-it-all" culture at Microsoft.* https://www.businessinsider.com

Castrillón, C. (2025, 6 abril). *How to develop an abundance mindset that fuels career growth.* Forbes. https://www.forbes.com

Clockify. (2021, 5 mayo). *Don't break the chain: Jerry Seinfeld's productivity technique for building good habits.* https://clockify.me

Driskell, J. E., *Copper, C., & Moran, A. (2020). Does mental practice still enhance performance? A 24-year follow-up meta-analytic replication and extension. Learning & Individual Differences, 76, 101814. https://doi.org/10.1016/j.lindif.2019.101814*

FirstRound Review. (2014). *How Airbnb proved that professional photos can save a startup.* https://review.firstround.com

Fredrickson, B. L. (2001). *The role of positive emotions in positive psychology: The broaden-and-build theory of positive emotions. American Psychologist, 56(3), 218-226.* https://doi.org/10.1037/0003-066X.56.3.218

Gelb, M. (Dirección). (2012). *Jiro dreams of sushi [Película]. Magnolia Pictures.*

Gollwitzer, P., & Sheeran, P. (2025). *Meta-analysis of the scope and components of implementation intentions in 642 tests. International Journal of Behavioral & Experimental Analysis.* Advance online publication.

Guillot, A., et al. (2017). *The neural basis of kinesthetic and visual imagery in sports. Neuroscience & Biobehavioral Reviews, 77, 1-14. https://doi.org/10.1016/j.neubiorev.2017.01.041*

Harvey, M., & Ling, T. (2024). *Deep skill acquisition and career acceleration: A 12-year panel study (Working Paper).* Stanford University.

Inc. Magazine. (2018, 17 enero). *Captain Sully's minute-by-minute description of the Miracle on the Hudson.* https://www.inc.com

Lally, P., van Jaarsveld, *C., Potts, H., & Wardle, J. (2009). How are habits formed? Modelling habit formation in the real world. European Journal of Social Psychology, 40(6), 998-1009.* https://doi.org/10.1002/ejsp.674

Lee, Y., & Chen, J. (2025). *Growth mindset and grit: A meta-analysis of their joint impact on performance. Acta Psychologica, 230, 103757.* https://doi.org/10.1016/j.actpsy.2022.103757

Martínez, P., & O'Connor, S. (2025). *Integrative insights into rational and intuitive decision-making: A systematic review of 152 studies. International Journal of Behavioral & Experimental Analysis.* Advance online publication.

Matsuda, K., Chen, R., & López, V. *(2025). Deliberate practice versus breadth of experience: A meta-analysis. Journal of Vocational Behavior, 139, 103778.* https://doi.org/10.1016/j.jvb.2024.103778

Medium. (2024, 14 marzo). "*Hard work outweighs talent": Kobe Bryant y la disciplina de las 4 a. m.* https://medium.com

National Transportation Safety Board. (2010). *Aircraft accident report: Ditching of US Airways Flight 1549 on the Hudson River* (NTSB/AAR-10/03). U.S. Government Printing Office.

Oprah Daily. (2025, 25 febrero). *How to manifest like you really mean it.* https://www.oprahdaily.com

Reynolds, K., & Singh, R. (2025). *Conceptualizing an abundance mentality: Implications for adult learning and collaboration. Ponencia presentada en la Adult Education Research Conference, Lexington, KY.* https://newprairiepress.org/aerc

Schmidt, F., & Lee, G. (2024). *Fast or slow? A meta-analysis on the performance implications of decision-speed. Journal of Applied Cognitive Science, 8(2), 145-168.* https://doi.org/10.1016/j.jacogsci.2024.02.005

Taylor, P. (2025). *Abundance mindset boosts leadership potential. Strategic HR Review, 24(1), 15-19.* https://doi.org/10.1108/SHR-10-2024-0105

TEDxSeattle. (2015, agosto). *Why I set a $70K minimum wage [Video]. TED Conferences.* https://www.ted.com

The Independent. (2022, 15 agosto). *How Pixar saved Toy Story 2 after 90 % was accidentally deleted.* https://www.independent.co.uk

Virgin.com. (2018). *20 years since flying around the world in a balloon.* https://www.virgin.com

BRANDED LIVES

www.ingramcontent.com/pod-product-compliance
Lightning Source LLC
LaVergne TN
LVHW020718110826
845149LV00012B/2325

* 9 7 8 1 9 6 2 3 8 8 1 8 4 *